古代歷史文化研究輯刊

二十編

王明蓀 主編

第18冊

制器尚象：
中國古代器物中的觀念與信仰（上）

練春海 主編

國家圖書館出版品預行編目資料

制器尚象：中國古代器物中的觀念與信仰（上）／練春海 主
編 — 初版 — 新北市：花木蘭文化事業有限公司，2018〔民
107〕
序 6+ 目 2+162 面；19×26 公分
（古代歷史文化研究輯刊 二十編：第 18 冊）
ISBN 978-986-485-550-6（精裝）
1. 古器物 2. 中國
618   107011995

ISBN-978-986-485-550-6

9 789864 855506

古代歷史文化研究輯刊
二十編　第十八冊　　　　　ISBN：978-986-485-550-6

制器尚象：中國古代器物中的觀念與信仰（上）

編　　者　練春海
主　　編　王明蓀
總 編 輯　杜潔祥
副總編輯　楊嘉樂
編　　輯　許郁翎、王筑　美術編輯　陳逸婷
出　　版　花木蘭文化事業有限公司
發 行 人　高小娟
聯絡地址　235 新北市中和區中安街七二號十三樓
　　　　　電話：02-2923-1455／傳真：02-2923-1452
網　　址　http://www.huamulan.tw 信箱 hml810518@gmail.com
印　　刷　普羅文化出版廣告事業
初　　版　2018 年 9 月
全書字數　249221 字
定　　價　二十編 25 冊（精裝）台幣 66,000 元　　　版權所有·請勿翻印

制器尚象：
中國古代器物中的觀念與信仰（上）

練春海　主編

編者簡介

練春海，2010 年畢業於北京大學，藝術學博士，加州大學伯克利分校、斯坦福大學訪問學者，現爲中國藝術研究院副研究員、研究生導師，主要從事藝術考古、物質文化研究與美術創作。主持國家社科基金項目「漢代壁畫藝術研究」，中國藝術研究院項目「中國工藝美術史前沿與學術梳理」等多項課題。出版《器物圖像與漢代信仰》《漢代車馬形象研究：以御禮爲中心》等專著 5 部，並在 Journal of the American Oriental Society、《文物》《民族藝術》《美術研究》等雜誌上發表學術論文 50 餘篇。

提　　要

　　《制器尚象：中國古代器物中的觀念與信仰》是一本經過框架精心設計與編排的學術論文集，書中所輯選的 22 篇研論文撰寫者分別爲來自北京大學、清華大學、中國社會科學院、中國藝術研究院、復旦大學、廈門大學、南開大學、四川大學、中央美術學院、廣州美術學院、華東師範大學、上海博物館、湖南省博物館等學術機構的中青年學者，他們都是各自研究領域的翹楚。文章的研究對象，在時間上跨越了從原始時期到清代幾乎整個中國古代歷史時期，在類型上覆蓋了禮器、庸器、兵器、樂器、食器、明器、行器、權衡器等多個器物種類；研究所採用的方法包括考古學、人類學、歷史學、文獻學、藝術史等多種研究方法。全書的內容可以概括爲三大類：第一類爲器物辨識。包括名物考證以及對器物上銘文、圖案、刻劃的研究等。第二類爲器物與環境研究。包括探討器物的具體適用環境、使用方式、使用時間及適用對象等。第三類爲器物與文化研究。包括器物的造型、源流、功能，及器物與特定文化、事件、現象、信仰之間的關聯等。文集以「器物研究」爲關鍵詞，力求彙集相關學科、領域專家學者最前沿的學術理念，探索跨學科、多維度思考問題的可能性，集思廣益，以推動對中國古代器物的整體研究水準。

中國藝術研究院項目
「中國工藝美術史前沿研究與學術梳理」
（立項號 20160228）

序

　　人類脫離動物界，開始刀耕火耨的文明進程，通常是以人工造物出現這一標誌性事件開始算起的。造物不僅是人類歷史發展的里程碑，還是人類文明的記錄者。造物既是圖像表現的對象之一，也是圖像依附的主要載體。回首往昔，古代中國的輝煌早已湮沒於歷史的塵埃之中，傳世文獻中的有關記載雲遮霧罩，無從證實，我們唯有通過出土的遺物，透過青銅器上的斑斑鏽跡，玉器中的絲絲沁紋，陪葬坑中發掘出來的吹彈可破的漆皮，……才能捕捉到過往千年的蛛絲馬蹟。然而，即便如此，這些古代造物所受到的關注仍然十分有限。通常情況下研究者們只是對古代造物進行分門別類，對古代造物的材料進行一些走馬觀花或者籠而統之的考察，至於器物的雕琢工藝、刻畫細節、形制起源以及相關的制度、規範卻有意無意地被輕描淡寫，甚至忽略。而那些鮮見的微觀研究，實際上也是剝離了器物所屬原境的望文生義，有關造物本身的多樣性與豐富性在探討時往往由抽象的時代特徵取而代之。

　　以墓葬而為例，造物遺存有時會成為對墓葬年代、死者身份以及與圖像意義進行有效解讀的重要證據。正如考古研究的類型學方法所揭示的那樣，通過對造物遺存形制的排比，可以確定特定範圍內相關事物的時空關係。如果沒有具體的造物遺存，[註1] 比如商代的銅鼎、戰國的車跡、漢代的漆器、唐代的三彩瓷器、明代的香爐等等，沒有它們所提供的信息，多數情況下，我們很難判斷一座墓葬所處的確切時空座標，掌握墓主的身份、社會地位、時代背景等相關信息，即使我們假定墓葬中可能存在疑似為墓主的畫像，但

〔註 1〕　這些造物遺存中的一部分帶有清晰可辨的自銘，能夠準確地提供關於墓主身份及生卒年月，墓葬建造者、出資者以及墓葬建造年代等信息。

它們所具有的參考價值也遠不及前者，畢竟中國的肖像畫傳統表明：所謂的寫眞（像）往往與眞人相去甚遠，甚至根本不去關注或傳達本人（在墓葬語境中則爲墓主）的基本視覺特徵。從這個意義上來看，古代造物遺存不僅可以記錄歷史，反映時代，還可以成爲社會活動重要節點的指示符號。換句話說，造物在人類文明史中其實可以起到標籤的作用，它們存儲了所屬時代〔註2〕的座標信息，一旦被封藏於墓葬或其他禮儀性瘞坎，便脫離了自身所屬時代的歷史軌跡，成了那個時代的化石。

　　對造物進行系統研究的意義其實遠不止於此，它還可以在多學科的橫向及交叉研究中發揮作用。眾所周知，古代文化遺產，大多數是以器物形態留傳下來的。但已有研究中，在深化對其認知上的努力似乎微不足道。遠的以廣西合浦出土漢代器物來看，其中有些反映了中西方文化交流的狀況。它們不僅保留了古代絲綢之路遺留下來的烙印，甚至從中還可以還可以看出不同文化之間交流、影響與互動的脈絡，但是因爲相關研究極少，因此人們對它的瞭解也非常的片面、有限。近的就拿清末民初的皮影藝術遺存來看。從現象上看，它們大多都是進入了博物館或者個人收藏的物質形態的文明碎片，但是它原生態的存在形式實際上與民族、民間文化都息息相關。形而下的，表現爲物質形態的皮影道具還在，但是活態層面的皮影表演藝術卻隨著社會的發展與嬗變消失了。從更深層次上來看，代表工業文明的影視文化、多媒體藝術的當代發展，對代表農業文明的皮影藝術造成了巨大的衝擊，圖像時代下討論皮影藝術的非遺保護問題，恐怕只談皮影的美學價值是非常不夠的。近年來，考古學的研究有藝術史化的趨勢，這種趨勢與歐美的中國古代藝術乃至東亞藝術的研究更加注重藝術多視角與多元化綜合考察的特點遙相呼應，〔註3〕它們均打破了學科自身的圍限，把目光投向更廣闊的學術視界。對造物進行傳統意義上的金石學研究，或者近現代出現的歷史學、考古學、社會學、藝術人類學研究，以及利用最新的科學技術或研究方法（如大數據統計分析）進行研究，這個進程不斷地刷新了人們對造物所能包蘊的信息容量的認識。多學科、跨學科的攜手合作與探索，日益增進我們對傳統造物的認知度。

〔註2〕　「所屬時代」指造物被生產並按生產預期的目的來使用時所對應的歷史階段。對陪葬物而言，就是指它們被殉葬之前所對應的歷史時期。

〔註3〕　孫健：《美國學術界中國古代書畫研究的現狀及趨勢》，《美術觀察》2017年第8期，第4～6頁。

研究造物意味著讀取被造物封存的歷史信息，意味著我們要對它們進行有效的解碼。解碼是有條件的，首先要對造物與圖像共處的場域作正確的認知。〔註4〕以往的研究對關於造物所處場域方面的問題缺乏應有的關注和討論，研究壁畫者通常不大關心壁面下方是否放置何物？壁面前方又有何物？壁面朝向有何特點？研究器物者一般也不關心器物的擺放方式、位置、組合規律，器物品質的對比關係等。這樣的研究隨意性很大，不是在一個統領全域的整體意識或場域觀指導下展開，其結果往往不是盲人摸象，就是隔靴搔癢，抓不住問題的關鍵，在遇到解釋不清的細節和問題時，往往採取「迴避政策」，或者毫無根據地胡亂揣摩，甚至只選擇有利於文本討論的細節、論據，或者個案，結論自然靠不住，遑論學術價值。

然而，出土的造物或者是遺物在歷史空間中其實是一個似是而非的存在。今天博物館中呈現於我們眼前的造物，多數情況下既非古人眼中所見的造物，也不是與當下人們生活息息相關的事物。我們甚至不能說今天所見到的「古代造物」就是古代人們所創造之物的遺存。在馬王堆漢墓發掘的現場，膏泥內發現的翠綠竹葉，一暴露到空氣中就瞬間碳化，其隕滅的速度可謂令人「猝不及防」。兵馬俑也有類似的情況，它們身上的色彩在穿越千年的時光隧道中，大多數都消褪無遺，只有極少量的一些兵馬俑，出土時身上尚且殘留著五顏六色，有些甚至可以用豔麗來形容（雖然這種情況目前尚不能推廣到全部的兵馬俑上，但很有代表性）。畫像石也是如此，神木大堡當的畫像石是彩色的，但是更多地區的畫像石什麼顏色也沒有。當然，我們也不能因此一概而論，那些靈光乍現的驚豔瞬間就是古代造物封存於地下之時的本來樣子。但從考古發掘出土的總體情形來看，色彩消褪，痕跡模糊，卻是出土遺物蛻變的大致趨勢，可見它既不是古人造作它們或者埋瘞它們時所見到的原本面目，也非大多數人在博物館中所見。〔註5〕更多的情況是，我們常常以「包

〔註4〕 關於這個概念，筆者在《器物圖像與漢代信仰》第一章《導論：物、像與場》中專門作了探討。探討了關於器物與空間關係以及它們所構成的場域的內容。「圖像、器物與死者（包括棺槨）之間的空間與邏輯關係則構成一種意義的『場』，包含多種維度的『場』。」練春海：《器物圖像與漢代信仰》，北京：生活・讀書・新知三聯書店，2014年版，第1～14頁。

〔註5〕 博物館中展示的古物，或者因為修補（出土時為碎片，並且可能是不全的碎片），或者因為保護的需要（器物上的殘留色彩不能受強光照射，或者必須浸泡在特殊的保存液體中），或者因為不可修復和不恰當的修復，與它們被殉葬之前的樣子相去甚遠。

漿」「沁」「拙樸」之類的標準用來審視和評價古代物質遺存。問題是，古人
——造物的使用者或擁有者〔註6〕——是如何看待那些事物的？他們喜歡外
觀富有歷史滄桑感，光澤含蓄、古雅的器物，還是鮮豔華美、流光溢彩的器
物？以筆者所見，事物之表面飾以各種間色、複色爲基礎的灰色裝飾圖案組
合，恰恰反映了現代文明語境下的色彩觀。在中國古代，人們使用的著色劑
以礦物質顏料和植物顏料爲主，其顏色與今天的化工顏料相比，色彩的飽和
度並不見得會低多少，不足之處僅在於可能會比較容易褪色，既色彩的純度
（或飽和度）不易保持。曾有當代藝術設計理論提出，古人所使用的顏色以
灰色系列爲主，色階差別較小，對比溫和，顯得高貴、典雅，並極力主張棄
用現代工業生產帶來的鮮豔色系，恢復古典時代的色彩觀，甚至回歸到手工
萃取色素的手法上去。但問題是，古人其實一直致力於提高色彩的飽和度、
穩定性。就陶器裝飾（陶器上的色彩經過高溫條件下的化學反應，相對來說
不易受環境影響，表現極爲穩定）規律的發展狀況來講，越是鮮豔、對比強
烈的顏色出現得越早。原始時期的彩陶，色彩單純、熱烈，發展到瓷州窯時，
雖然一般只裝飾黑白兩色，但是其對比度也極爲強烈，景德鎮的青花瓷系，
再往後出現了鬥彩，顏色越來越多樣，甚至是五彩繽紛，可見尋找色彩對比
強烈、富麗堂皇一直是古人在追求裝飾品質上努力的方向，並不像現代設計
師們所理解的那樣。灰色或者灰色調子，其實是爲古人所鄙棄的。認識灰色
的價值是現代科學的產物，科學的發展，尤其是光學、視神經學的發展，使
人們對色彩、光、視網膜成像規律有了深入、系統的瞭解。對於色彩在各種
場合中的作用、功能和特點加以研究，在這個過程中發現了灰色，作爲一種
中性、溫和的色彩所具有的特殊價值。同時，由於它與老舊的古物、蒼白的
遺存相聯繫，因此，在情感上也逐漸被抬高到高貴、典雅的貴族地位。可見
古董有其當代性，文物遺存在某種意義上是一種悖論性的存在。

　　正因爲出土造物在本質上的這種特殊性，對它進行研究絕不能簡單地停
留在利用圖像來證史或對器物作圖像志描述上，而是要通過梳理圖像（或造
物形象）與文獻之間的內在理路來恢復歷史原境，勾勒故事。當代藝術史、
藝術考古研究中最新出現的一些研究範式，比如整體研究〔註7〕和超細研究

〔註6〕　造物的擁有者也可以指現代的古董收藏者，但文中特指與具有使用權的主體
　　　　（使用者）相對應的具有所有權的主體（擁有者）。
〔註7〕　廖明君、練春海：《視覺形象材料與早期中國的文化藝術：練春海博士訪談
　　　　錄》，《民族藝術》2012 年第 4 期，第 45～49 頁。

（也有人稱之為超細讀），它們中多數的研究重點都聚焦於考察造物遺存上，可見造物在揭示古代文化內涵上所起的作用越來越大，在彌合傳統文化中宏觀概論與微觀探究之間的鴻溝上起到了很好的聯通（緩解張力）作用，以造物為中介，傳統文化中存在的諸多問題與爭議得到了很好的梳理。正是基於此，對造物如下幾個研究方向的集中交流與討論就顯得意義非常：第一，器物辨識。包括名物考證，器物上的銘文、圖案、刻畫的研究，等等。第二，器物與環境研究。包括器物的具體適用環境，以及使用方式、時間及對象等的研究。第三，器物與文化研究。包括造型演變、源流，與特定的文化、事件、現象、信仰之間的關係等。筆者策劃與發起的「制器尚象」學術研討會雖然已經結束，但它所帶來的影響才剛開始，並將持續發酵，本文集的編寫便是其中的一個自然延伸，希望有更多的學者瞭解到，有那麼一批出色的學者；也希望更多的研究者可以從他們的成果中受益。

目次

從作冊般銅黿漫說「庸器」

董珊

　　摘要：文章在已有對商代作冊般銅黿解讀的文獻基礎上，對相關器形的性質、文字及功能等作了進一步的闡發。

　　關鍵詞：作冊般銅黿；庸器

一

　　中國國家博物館新近入藏了一件商末銅製黿形器，黿頸部中一箭，背負三箭。在背甲上有銘文 4 行 33 字。該器銘文及器形經李學勤、朱鳳瀚、王冠英三位先生的介紹和解釋，已經讓我們瞭解到這件器物的珍異之所在。〔註1〕

　　這裡根據三家的討論，再略作補說，並對有關器物的性質略作闡發，希望能免於續貂之譏。

　　銅黿背甲銘文爲：

　　　　丙申，王迎（ ）於洹，隻（獲）。王一射，狃（？）射三，率亡（無）灋（廢）矢。王令寢馗兄（貺）於作冊般，曰：奏於庸。作母寶。

〔註1〕　李學勤：《作冊般銅黿考釋》，朱鳳瀚：《作冊般黿探析》，王冠英：《作冊般銅黿三考》，均見《中國歷史文物》2005 年第 1 期，第 1～13 頁。下面凡引此三文不出注。

圖 1 作冊般黿，中國國家博物館藏，晚商　圖 2 作冊般黿背部銘文拓片

　　三家的討論已經指出，銘文記載商王在洹水獲得此銅黿所象之黿，四射皆中，因而命令寢馗把這個中箭之黿交給作冊般，作此器的目的是爲了紀念此事。在這樣理解的基礎上，還可以再談談以下幾點。

　　銘文「獲」在「射」之前。此黿可能是先被捕獲，之後用來作爲射箭之鵠的，而並非射取。文獻記載射禮，常說「搢三挾一個」（《儀禮・鄉射禮》），四矢爲一組，稱爲「乘矢」。這件銅黿正好身中四箭，不知是否能跟射禮有關。

　　「王一射，狃（？）射三」當從朱鳳瀚先生斷句和理解。「狃（？）」詞義似爲「再次」。所謂「狃」字，雖然在字形上還有疑問，但「一」與「狃（？）」似都是修飾動詞「射」的副詞，可比較《周禮・春官・典命》「其卿三命，其大夫再命，其士壹命」句中的「三」、「再」、「壹」。此黿身上所中之箭可以分爲兩組，可能分別表示商王的「一射」和「狃（？）射」。

　　「王令寢馗兄於作冊般」，各家都已經指出「兄」讀爲「貺」。商周銅器銘文所見「兄（貺）」的直接主語大多是命令的執行者，例如旟鼎「王姜錫旟田三於待曷（？），師楷酷（造）兄（貺）」（《集成》02704）又例如宰豐雕骨「王錫宰豐，寢小旨兄（貺）」（《甲骨文合集補編》11299），這兩例「錫」、「貺」同見，可見「貺」的詞義內涵，只是執行命令去「給予」，「賞賜」的意思較弱。作冊般黿銘的「貺」與此同。「兄（貺）於作冊般」是省略直接賓語的雙賓語結構。作冊折方彝「令作冊折兄（貺）望土於相侯」（《殷周金文集成》06002、09303、09895，以下引此書著錄號略去書名），也是用介詞「於」引出間接賓語。此器由於有器形提示，讀者很容易補出銘文中省略的成分。

對於「奏於庸」，朱鳳瀚先生據《廣雅》訓「奏」爲「書」，並認爲「庸」即《周禮·春官》「典庸器」之「庸器」，句意爲「銘記功於庸器」。我很贊成朱先生的這個看法。然則銅黿的性質，可以確定爲文獻中的「庸器」。

銘末三字，李學勤、王冠英二位先生釋爲「作母寶」。此器跟作冊般之母恐怕不會有什麼關係，所以朱鳳瀚先生認爲「作母寶」的講法很費解。因此，朱先生改釋爲「作女（汝）寶」，譯爲「作爲你的寶物」。

我覺得「作母寶」的意思就是做一個象形寶器。「母」可以讀爲「模」，意思是「象形」。《周禮·天官》「膳夫」職記載王膳八珍有「淳熬」、「淳毋」，《禮記·內則》「淳毋」鄭玄注：「毋讀曰模，模，象也，作此象淳熬。」《釋文》：「毋，依注音模，莫胡反。」孔疏：「法象淳熬而爲之，但用黍爲異耳。」「毋」、「母」古本同字，「象形」與「法象」詞義間有引申關係。銘文「母（模）」的意思，用今天的話來說，就是模型。

爲了確定此器的性質，朱鳳瀚先生提出六項殷墟獸骨刻辭，銘辭記載商王獵獲虎、兕、鹿，刻辭之骨即取自獵獲之獸。與此情況相類的，是殷墟也曾發現至少十幾片人頭骨刻辭，其中最著名的一片，是所謂「人方白（伯）」刻辭，現藏故宮博物院。這些人頭骨刻辭乃是俘獲敵方的首領，用之爲祭祀人牲，並且取其頭骨加刻銘辭，以炫耀勝利者的武功。

由上面的類例，這裡還可以舉出另一件銅器，跟作冊般銅黿製器意匠能夠較爲切近。這就是前些年發現的一件銘文有「晉侯」字樣的西周銅人。銅人銘文云：「唯五月，淮夷伐格，晉侯搏戎，獲厥君家（？）師，侯揚王於絲（茲）。」這件銅人呈跪坐反綁狀，赤裸上身。蘇芳淑、李零二位先生已經結合銘文指出，這個銅人就是晉侯所俘獲的淮夷君長的形象。〔註2〕

作冊般銅黿和晉侯銅人器形都仿寫被俘獲的對象形象，銘文都記載對象被俘獲的經過和鑄器目的。獲黿而四射皆中，與俘獲淮夷君長，兩件事的意義大小輕重雖然不同，鑄器的立意和匠心則有相似性。

李學勤先生還舉出狢子卣因周王賞鹿而鑄飾鹿紋、盠駒尊因周王賞駒而模倣駒形這兩例，來跟作冊般銅黿做比較。根據我們所理解的銘文，並非作冊般把商王賞賜當作個人榮耀，而是作冊般爲了記錄商王的功庸而製作這件

〔註2〕 蘇芳淑、李零：《介紹一件有銘的「晉侯銅人」》，上海博物館編《晉侯墓地出土青銅器國際學術研討會論文集》，上海：上海書畫出版社，2002 年版，第 411～420 頁。

器物，這是他的職責。但是從文化心理上來看，狢子卣的鹿紋與盞駒尊的駒形，確實跟作冊般銅黿以及上述晉侯銅人的匠心立意有相似之處。古人因功勞獲得賞賜，或田獵征伐有所獲，這些事情關乎「功烈勳勞慶賞聲名」（《禮記‧祭統》），在當事人看來，都是需要紀念的不尋常事件，因此為了直觀地表現這些功勞慶賞的事件，或因事取材，雕銘於獸骨或人骨；或者冶鑄象生模型，銘勒事情經過於其上。這些器物作為可以流傳的寶貴紀念品，將有功者的榮譽彰顯出來，其紀念性是一致的。製器的方式雖因人因事而異，但都有因事取材或取象而製器的特點。總而言之，這類器物從功能上都可以稱為廣泛意義上的「庸器」，可視為一種特殊的禮器。由此來看，我認為銘文「作母（模）寶」的意思是做象形銅器，文義既能跟上文「奏於庸」緊密聯繫，從本器和上述器物都採取了比較形象的紀念方式來看，也可得到一些支持。

二

關於「庸器」，還可以進而言之。前幾年我曾在拙作《戰國題銘與工官制度》（北京大學中文系博士論文，2002 年 5 月）中討論《周禮‧春官‧典庸器》與某些銅器銘文的關係。下面所講，即取資於舊作。

上述庸器的製作，有因事「取象」或「取材」兩種方式，這裡需要補說的是：更有以取得的器物本身作為庸器的做法，可以稱為「取器」。取象紀功的方式也許相對少見，而取材或取器以為紀功的庸器，在傳世文獻與銅器銘文中都有些記載。下面先說取材。

《周禮‧春官‧典庸器》敘官鄭玄注「庸，功也。鄭司農云：庸器，有功者鑄器銘其功。《春秋傳》曰：以所得於齊之兵，作林鍾而銘魯功焉。」其引《左傳》文見襄公十九年。

用戰爭所獲兵器鎔鑄禮器的事情，見於銅器銘文記載。1981 年陝西扶風下務子出土一件西周晚期師同鼎，銘云：「列界其井，師同從。折首執訊，孚（俘）車馬五乘，大車廿，羊百𠦛（個），用造王，羞於黿；孚（俘）戎金胄卅、戎鼎廿、鋪五十、鐱廿，用鑄茲尊鼎，子＝孫＝其永寶用」（02779）。銘文記載師同參加周王朝對北方戎人的戰爭，把戰俘和戰獲的車馬、羊等物品獻給周王，其他戰獲銅器則用來熔化鑄這件鼎。鼎銘記載此事的目的，是為了表明師同的功績，希望子孫記住。在有關戰爭的西周金文中，俘金鑄器例子還有一些，這裡不能備舉。

在安徽壽縣李三孤堆出土楚器中，有兩件楚王鼎銘爲：「楚王酓（熊）忓（悍），戰獲兵銅，正月吉日，窐（煎）鑄喬鼎，以共歲嘗。」（02794、02795，10158盤銘略同）這兩件鼎屬於戰國晚期楚幽王熊悍，也是用「戰獲兵銅」來鑄造的，並且明記鼎的用途是「以共歲嘗」，就是用於楚國的國家大祭祀典禮中。

河北平山縣出土中山王方壺銘云：「唯十四年，中山王錯命相邦賈，擇郾吉金，鑄爲彝壺，節於禋齋，可法可尚，以饗上帝，以祀先王。穆＝濟＝，嚴敬不敢怠荒。因載所美，卲蔡皇工，詆郾之訛，以儆嗣王。……」（09735）。從銘文知道，此器利用從燕國掠奪來的吉金鑄成，作器的目的，是用來祭祀上帝和先王，也表明中山王的功勞。這吉金可能是銅料，與熔舊鑄新的做法有所不同。

取器以爲庸器的做法，在文獻中見於《周禮・春官》「典庸器」職鄭玄注：「庸器，伐國所獲之器，若崇鼎、貫鼎及以其兵物所鑄銘也。」所謂「崇鼎」、「貫鼎」，孫詒讓《周禮正義》解釋說：「《明堂位》云：『崇鼎、貫鼎、大璜、封父龜，天子之器也。』鄭注云：『崇、貫、封父皆國名。文王伐崇。古者伐國，遷其重器，以分同姓。』是其事也。」

根據上述文獻以伐國所獲重器爲庸器的說法，著名的戰國齊陳璋方壺（09703）、圓壺（09975）〔註3〕以及燕王職壺〔註4〕，都可謂取器銘功以爲庸器的顯例。陳璋兩壺銘文相同，或稱爲「陳璋兩銘」，其銘文云：「唯王五年，鄭易陳得再立事歲，孟冬戊辰，大臧（藏）錢（裸）孤（壺）。陳璋內（入）伐郾，勝邦之獲」〔註5〕；燕王職壺銘云：「唯郾王職，踐阼承祀，乇（度）幾（機）卅（三十），東討敁（？）國。命日任（壬）午，克邦殘城，滅齊之獲」。〔註6〕這兩種銘文記載燕、齊之間互相的兩次侵略戰爭，一稱「滅齊之獲」，一稱「勝邦之獲」，可見器物本身都是掠奪而來，即「伐國所獲之器」，三件器物裝飾都極爲華美，在上面加刻銘文，目的是表現勝利者的功勳，正是合於「典庸器」職鄭玄注所講「崇鼎、貫鼎」之類的重器。

〔註3〕 方壺藏美國賓夕法尼亞大學，圓壺現藏南京博物院。
〔註4〕 周亞：《郾王職壺銘文初釋》，《上海博物館集刊》第八期（上海：上海書畫出版社，2000年版），第144～150頁。
〔註5〕 關於陳璋兩銘的考證，詳另文。
〔註6〕 董珊、陳劍：《郾王職壺銘文研究》，《北京大學古文獻研究中心集刊》第三輯（北京大學出版社，2002年版），第29～54頁。

上海博物館購自香港的 14 枚晉侯蘇鍾，加上北趙墓地 M8 出土的兩枚，共 16 枚。據研究，這 16 枚鍾不是晉器風格，且可以分為不同的兩組，合為一肆乃是後來拼湊，鍾銘出於刻畫而非鑄出，記載的是晉侯蘇伐夙夷之功勞。從上述現象，彭林先生認為：蘇鍾為此次戰爭所獲而加刻功勳事蹟，應屬於庸器之列。〔註7〕

《周禮》「典庸器」職：「及祭祀，帥其屬而設筍虡、陳庸器；饗食、賓射，亦如之。」鄭玄注：「陳功器，以華國也」。庸器在祭祀等隆重場合陳設，這是因為，古人認為「天命靡常」（《詩經·大雅·文王》），因此在祭祀的時候要竭力用這些「庸器」及其銘文表現自己的征伐功勞與能力，希望能夠常得到天命以及祖先鬼神的保祐。

古人所稱「庸器」，在今日社會還隨處可見與其功能類似的物品。例如我們通常所謂「文物」，在某種意義上就起著「庸器」的作用。這裡關於「庸器」的討論，無疑可以給我們審視「文物」的概念，提供一個新的視角。但這方面的問題，就不是拙文所能容納的了。

若以今人的眼光來看，跟紀念伐國之功的庸器比較起來，狩獵有得而作紀念，不過是庸器中之小者；而商王獲黿四射皆中，這件事情只是有趣的遊戲而已，至於紀念意義，實在就是小之又小了。拙文就作冊般銅黿而漫說庸器，也未免有小題大做之嫌。其中或有不當，敬請識者指正。

（作者單位：北京大學考古文博學院）

〔註7〕 彭林：《聽松山房讀〈禮〉札記》，載《追尋中華古代文明的蹤跡——李學勤先生學術活動五十年紀念文集》，上海：復旦大學出版社，2002 年版，第 161 頁。

商代神人紋雙鳥鼓紋飾研究*

韓鼎

摘要：神人紋雙鳥鼓中人物表現出具有角飾、翎羽、面具以及披髮、蹲踞等特徵，其身份應爲商代赤裸身體做法時的巫覡。鳥爪狀雙手和蟬體狀軀幹表現了巫覡佔有鳥、蟬溝通人神、祖先的能力。鳥紋和魚紋則暗示了黃泉和天上，即祖先身體和靈魂的居所。鼓中多次強調雙鳥，應是對鳥能夠在人和天帝、祖先間傳遞訊息意義的強調。

關鍵詞：神人紋雙鳥鼓；巫覡；人首蟬身；蹲踞

現藏於日本泉屋博古館的神人紋雙鳥鼓因其獨特的造型和紋飾，頗受學界關注，但對其紋飾的解讀至今尚未得到令人滿意的結論。在此文中筆者將結合商代相關器物，嘗試對該鼓的紋飾特徵進行系統認識。

《中國青銅器全集》對該鼓簡介如下：「鼓身橫置，上有雙鳥相背的枕形物，中有穿孔，鼓身下有四個外撇的短錐足。鼓兩端仿鑄出鼉皮鼓面，邊緣各飾乳釘三周。鼓腔上飾獸面紋，圍以四瓣目紋組成的方框。鼓身飾頭上有雙角高聳彎曲的神人紋，雙手上舉，雙腿彎踞，人面做淺浮雕略凸於器表。通體以雷紋塡地，並輔飾以魚紋、斜角雲紋等。四短足上飾獸面紋」（圖一：1），〔註1〕主

---

* 本文爲河南省哲學社會科學規劃項目「殷墟禮器獸類紋飾研究」（2017CKG003）階段性研究成果。

〔註1〕 中國青銅器全集編輯委員會：《中國青銅器全集》卷4，北京：文物出版社，1996年版，圖一七九。

體紋飾細節，可參照拓片（圖一：2）。〔註2〕

1. 照片

2. 拓片

圖一　神人紋雙鳥鼓圖像

　　傳言此鼓爲圓明園舊藏，〔註3〕所以學界對它的出土地並不清楚，樋口隆康認爲此鼓爲「商代晚期華南所作」〔註4〕，林巳奈夫認爲「應屬南方地方性青銅器」〔註5〕，李學勤認爲「雙鳥鼉鼓有可能也是湖南地區的產物」〔註6〕，王寧認爲該鼓與「江西新幹大洋洲出土的器物有著明顯的同一性，因而應是江西地區所鑄。」〔註7〕筆者較爲贊同王寧的看法（因爲該鼓鼓釘內側的◀形紋在新幹青銅器上多有出現，是極具地方特色的紋飾元素〔註8〕）。

　　關於鼓上人物身份，林巳奈夫認爲它代表的是音樂神，因頭上有羊角推

〔註2〕　〔日〕林巳奈夫：《殷周時代青銅器紋樣の研究——殷周青銅器綜覽二》，東京：吉川弘文館，1986年版，第304頁。

〔註3〕　〔日〕梅原末治：《新修泉屋清賞》，京都：泉屋博物館，1971年版，第101頁。

〔註4〕　〔日〕樋口隆康：《樂器》，京都：泉屋博古館，1982年版，第14頁。

〔註5〕　〔日〕林巳奈夫著，常耀華等譯：《神與獸的紋樣學——中國古代諸神》，2009年版，第139頁。

〔註6〕　李學勤：《商代青銅鼉鼓的考察》，《比較考古學隨筆》，桂林：廣西師範大學出版社，1997年版，第187頁。

〔註7〕　王寧：《神人紋雙鳥青銅鼓的鑄地》，《中原文物》2008年第2期，第37～41頁。

〔註8〕　王寧：《新幹大洋洲青銅器「燕尾」紋探討》，《中原文物》2003年第2期，第45～50頁。

斷其爲祖先夔，但由於與夔的字形和傳說不一致，故林巳奈夫稱自己的研究「結果並不理想」〔註9〕，俞偉超因爲該鼓人物祖露的男性生殖器而認爲其身份是「祖神」〔註10〕。筆者認爲，該鼓上人物和大禾人面方鼎上人物（圖四：1）〔註11〕的身份一樣，都是商代巫覡的形象〔註12〕（至於巫覡的形象與祖先形象是否具有一致性，則是另一個問題，下文詳論），下文將從角飾、翎羽、面具、鳥爪狀雙手、蟬體、披髮（羽翅）等多個方面對其身份進行論證。

一、角飾

鼓上人物頭部上有巨大的雙角，這種角型在饕餮紋中頗爲常見，《商周青銅器紋飾》中稱之爲「外卷角」〔註13〕，林巳奈夫和段勇都認爲其原型爲羊角，〔註14〕筆者也同意這一推測。除作爲饕餮紋的角，這種角飾也曾出現在商代人形紋飾的頭部之上，如新幹出土的神人銅頭像（圖二：1）〔註15〕，該銅頭像的雙角與鼓上人物角飾外卷結構相似，只是大小和各部分比例不同。類似的外卷角，在殷墟也有發現，婦好墓曾出土過若干角狀玉雕，發掘報告稱之爲「眉形飾」（圖二：2）〔註16〕，通過與商代獸類紋飾的對比可以確定：所謂「眉形飾」其實是模擬的獸角。觀察這些角飾，末端都有凸起，屬於榫卯結構的榫子。這就解釋了角飾是如何安插在人面之上的，最可能的模式是將角飾插入面具。

〔註9〕 〔日〕林巳奈夫著，常耀華等譯：《神與獸的紋樣學——中國古代諸神》，第139頁。

〔註10〕 俞偉超：《「神面卣」上的人格化「天帝」圖像》，《古史的考古學探索》，北京：文物出版社，2002年版，第148頁。

〔註11〕 上海博物館青銅器研究組編：《商周青銅器紋飾》，北京：文物出版社，1984年版，第343頁。

〔註12〕 韓鼎：《大禾人面方鼎紋飾研究》，《中原文物》2015年第2期，第57～61頁。

〔註13〕 上海博物館青銅器研究組編：《商周青銅器紋飾》，第1頁。

〔註14〕 a.〔日〕林巳奈夫：《殷周時代青銅器紋樣の研究——殷周青銅器綜覽二》，第80頁。b.段勇：《商周青銅器幻想動物紋研究》，上海：上海古籍出版社，2003年版，第33頁。

〔註15〕 江西省文物考古研究所等：《新幹商代大墓》，北京：文物出版社，1997年版，圖六八。

〔註16〕 中國社會科學院考古研究所：《殷墟婦好墓》，北京：文物出版社，1980年版，圖版一六三。

<table>
<tr><td>1. 新幹神人銅頭像</td><td>2. 婦好墓出土「外卷角」</td></tr>
</table>

圖二　「外卷」型角飾

二、翎羽

　　鼓上人物頭頂正中，有兩個對稱的羽紋組成的紋飾，細節圖展示得更爲清晰（圖三：1）。對於它的性質，筆者認爲這是置於人物頭頂的翎羽，可能也是插在面具之上。額上翎羽在饕餮紋中是非常常見的，林巳奈夫稱之爲「蕤」〔註17〕，而在人面上也並非孤例，如殷墟小屯 B4 號探坑中出土的一件「大理石神人面飾」（R000932）（圖三：2）〔註18〕，在該大理石面飾的額上有一個翎羽狀裝飾，其形象是商代常見的羽紋，如果將其左右對稱地展開（即設想將側面像轉化爲正面像），那和鼓上人物頭頂的翎羽就基本一致了。

　　另外，在三星堆出土的大型青銅面具上，我們也能見到在面具額間有類似的裝飾物，如青銅面具（K2②：144）（圖三：3）〔註19〕，額間處有一捲曲的青銅飾件，由下至上遠超出面具，從其捲曲的紋樣設計（中間部分也頗似羽紋），筆者推測這應也是對面具上額間翎羽的象徵表現。

　　再觀察新幹神人銅頭像（圖二：1），頭頂上除兩角外，中間有一個圓形的孔洞，通過位置對比，可推測該處可能也是用於插入翎羽，插入後的形象應與鼓上人物形象相仿。

〔註17〕〔日〕林巳奈夫著，常耀華等譯：《神與獸的紋樣學——中國古代諸神》，第 8 頁。

〔註18〕李永迪編：《殷墟出土器物選粹》，臺北：中央研究院歷史與研究所，1999 年版，第 178 頁。

〔註19〕四川省文物考古研究所：《三星堆祭祀坑》，北京：文物出版社，1999 年版，第 197 頁。

1. 翎羽細節圖

2. 小屯出土神人面飾

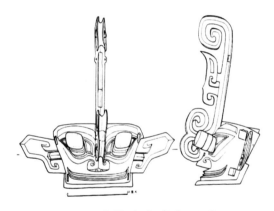

3. 三星堆出土青銅面具

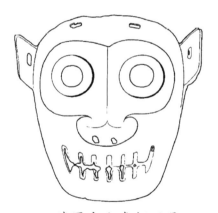

4. 城固出土青銅面具

圖三　翎羽和面具

三、面具

　　既然角和翎羽都不是長出來的，那它們是如何安置於頭頂的呢？最可能的模式就是安插在面具之上。從民族志材料可知，大部分面具均為木質，難以保存到現在，但城固出土的青銅面具給了我們重要的啟示（圖三：4）〔註

〔註20〕曹瑋主編：《漢中出土商代青銅器》第三卷，成都：巴蜀書社，2006年版，第523頁。

20〕。這樣的青銅面具在城固地區多有出土，多數面具在頂部有兩個孔，其位置正與雙鳥鼓上人物頭上角飾位置一致。另外，雙鳥鼓人物面部和城固面具在整體造型以及具體特徵（圓目、列齒、臉型）等方面都相近。因此，筆者推測鼓上人物形象可能佩戴有面具。

從表現模式來看，神人紋雙鳥鼓上的整個人物只有面部是用浮雕手法凸出於器表來表現，這可能暗示了面部和身體的其他部分併不是一體的。大禾人面方鼎上的人面也是用浮雕手法，筆者曾結合殷墟出土的青銅面具論證浮雕人面其實是佩戴面具的象徵表現〔註 21〕。如果此推論正確，那角飾、翎羽如何安置於頭上的問題也就迎刃而解了。

面具是商周巫覡做法時的重要裝扮，比如甲骨文中 𤕩 字，葉玉森、郭沫若、李孝定等學者都認爲這是「人戴面具之形」〔註 22〕，郭沫若引申判斷其爲「魌字初文」〔註 23〕（魌：古代驅疫鬼時扮神的人所戴的面具）。美國學者江伊莉認爲 𤑶（異）、𩅂、𩑛、（鬼）等字均表現了巫師頭戴面具之形〔註 24〕。

種種證據表明雙鳥鼓上人物的浮雕面部可能象徵了佩戴面具的形象，面具爲角飾和翎羽提供了安插之處，同時，也輔證了人物的巫覡身份。

四、鳥爪狀雙手

如果說該鼓上人物的整體特徵還算寫實的話，那麼只有手的部分太過怪異，因爲這不是一雙人手，而是鳥爪。雖然不合常理，但在商代藝術中卻並非孤例。如大禾人面方鼎的紋飾（圖四：1），在巨大的人面之下，雙手也是鳥爪狀。而且，鳥與人手的同化方式並非只有將人手表現爲鳥爪一種，還有將整個手臂表現爲鳥形的例子，如現藏於哈佛大學福格藝術館的商代玉雕〔註 25〕，其雙臂（包括雙手）整體被表現爲兩隻鳥的形象。

〔註 21〕 韓鼎：《大禾人面方鼎紋飾研究》。
〔註 22〕 于省吾：《甲骨文字詁林》，北京：中華書局，2009 年版，第 320 頁。
〔註 23〕 郭沫若：《卜辭通纂》，北京：科學出版社，1983 年版，第四九八片。
〔註 24〕 江伊莉著，劉源譯：《商代青銅器紋飾的象徵意義與人獸變形》，《殷都學刊》2002 年第 2 期，第 22～28 頁。
〔註 25〕 國立故宮博物院編輯委員會編：《海外遺珍・玉器》，臺北：國立故宮博物院，1989 年版，圖 35。

1. 大禾人面方鼎　　2. 哈佛大學福格藝術館　3. 大英博物館藏
　　　　　　　　　　藏玉雕　　　　　　　杆頭飾

圖四　表現「人鳥」關係的器物

　　為何用鳥的局部特徵來表現手臂？筆者認為這一形象的來源可能與商代巫覡在儀式上「操鳥」做法有關。《山海經・大荒東經》記載「有人曰王亥，兩手操鳥，方食其頭」。在卜辭中，稱王亥為高祖享受最隆重的祀典〔註26〕。「亥」字字形在卜辭中略有差異〔註27〕，於廩辛時期寫作，表現了「兩手操鳥」的形象。先商時期，商族的巫很可能由氏族首領兼任〔註28〕，王即為群巫之長，因此，王亥「操鳥」的記載，可理解為巫覡執鳥做法。基於此認識，再看大英博物館藏杆頭飾（圖四：3）〔註29〕，它表現的正是身披虎皮、頭上插角的巫師雙手操鳥的形象。由此，筆者推測，之所以用鳥來表現手臂，是因為巫覡在儀式中經常操鳥做法。這和商周時期用蛇來表現手臂或雙腿形象的原理一致，因在操蛇施法時，經常雙臂、雙腿盤蛇，所以，用蛇來替代雙臂或雙腿，形成「半人半蛇」的形象，以此來表現對巫覡伴獸能力的佔有〔註30〕。

五、蟬體

　　雙鳥鼓人物的身體呈倒三角形，熟悉商代青銅器紋飾的學者很容易辨別出這極為接近商代蟬紋的身體部分，如婦好墓出土方壺（M5：807）上的蟬紋

〔註26〕陳夢家：《商代的神話與巫術》，《燕京學報》第二〇期（1936 年版），第 485 ～576 頁。
〔註27〕胡厚宣：《甲骨文所見商族鳥圖騰的新證據》，《文物》1977 年第 2 期，第 84 ～87 頁。
〔註28〕晁福林：《商代的巫與巫術》，《學術月刊》1996 年第 10 期，第 81～87 頁。
〔註29〕〔日〕林巳奈夫：《殷周時代青銅器紋樣の研究——殷周青銅器綜覽二》，第 98 頁。
〔註30〕韓鼎：《早期「人蛇」主題研究》，《考古》2017 年第 3 期，第 82～93 頁。

（圖五：1）〔註31〕。將兩者比較，鼓上人物身軀的倒三角的造型、內部對稱的捲曲紋，都與此蟬紋相近。如果說僅有此例尚不足說明此人物身體為蟬身的話，可再參見兩件弓形器上的紋飾，銅川出土弓形器（圖五：2）〔註32〕，其上人物的蟬身和雙鳥鼓頂部蟬紋身體特徵一致（圖九：1），另外還有上海博物館藏弓形飾（圖五：3）〔註33〕，其上紋飾也為「人首蟬身」。另外，此兩例的人物頭上也都戴角，應與鼓上人物身份一致，亦為商代巫覡。通過這幾例的對比可知，雙鳥鼓上人物的倒三角身體正是蟬體的象徵。

1. 婦好墓方壺上的　　2. 銅川出土弓形飾　　3. 上海博物館藏弓形
　　蟬紋　　　　　　　　　　　　　　　　　　　　　飾

圖五　商代藝術中的蟬與「人蟬」主題

六、披髮或羽翅

該鼓上人物頭部和身側兩旁有對稱的羽紋，這可能是對披髮或者羽翅的表現。林巳奈夫認為「當時的人都相信披頭散髮、赤身裸體者是鬼（神、精靈）……一看到披頭散髮、赤身裸體的怪人，就會想到此人非同一般。」〔註34〕而該鼓上的神人像，既是披頭散髮，又是赤身裸體，可見「非同一般」，但是否就是鬼神的形象尚難以確定。

當然，還有另一種可能，這些羽紋象徵了羽翅，如新幹大墓出土的「鳥首人身」玉雕（圖六：1）〔註35〕，整個造型成蹲踞狀，玉人的肋下有羽翅狀

〔註31〕 中國社會科學院考古研究所：《殷墟婦好墓》，第 19 頁。
〔註32〕 銅川市文化館：《陝西銅川發現商周青銅器》，《考古》1982 年第 1 期，第 107 頁。
〔註33〕 上海博物館青銅器研究組編：《商周青銅器紋飾》，第 344 頁。
〔註34〕 〔日〕林巳奈夫著，常耀華等譯：《神與獸的紋樣學——中國古代諸神》，第 5 頁。
〔註35〕 江西省文物考古研究所等：《新幹商代大墓》，第 158 頁。

紋飾（大腿處有與鼓上神人紋身體兩側相近的羽紋）。另外，殷墟婦好墓出土的踞坐玉人（小屯 M5：372）（圖六：2）〔註 36〕，其背後也有類似翅膀的紋飾。基於此，筆者推測該鼓上人身兩側的羽紋也有可能是羽翅的象徵表現。

1. 新幹出土玉雕

2. 婦好墓出土玉人

圖六　具有「羽翅」的人像

七、男根

　　該鼓人物身體之下有一明顯的男性生殖器，俞偉超認爲「此神既突出表現其男根，應當是象徵祖神。」〔註 37〕潘守永、雷虹霽結合人類學材料，認爲這個袒露生殖器的與生殖崇拜相關〔註 38〕。在圖像中如此醒目地表現男根，而且旁邊還有兩條魚（往往被視爲生殖力的象徵），讓我們很容易聯繫到生殖崇拜，當然這也是可能的。但是否有可能這只是對巫覡赤裸身體做法的客觀表現呢？婦好墓出土的玉人（M5：373）（圖七）〔註 39〕一面是男性、一面是女性，都袒露生殖器（頭上的角飾證明了其巫覡的身份）。結合兩例，筆者推測，溝通人神的巫覡在某些巫儀中很可能會以裸體姿態施法。

　　從祭祀的目的來說，以祈求繁衍多產的生殖崇拜和商代祭祀祖先、神祇以求其庇祐的目的似難以契合。在商代的祭祀文化中，青銅禮器可視爲宴饗祖先、神祇的中介，其紋飾設計也是基於同樣的目的，即加強禮器的中介功能，除此例外，未見其他青銅器上有表現生殖器的紋樣。另一方面，種種證

〔註 36〕中國社會科學院考古研究所：《殷墟婦好墓》，第 153 頁。
〔註 37〕俞偉超：《「神面卣」上的人格化「天帝」圖像》，第 148 頁。
〔註 38〕潘守永、雷虹霽：《九屈神人與良渚古玉紋飾》，《民族藝術》2000 年第 1 期，第 150～165 頁。
〔註 39〕中國社會科學院考古研究所：《殷墟婦好墓》，第 154 頁。

據都證明了鼓上的人物身份爲巫覡，將巫覡作爲生殖崇拜的對象似乎也有不妥。所以，無論是祭祀的目的，還是鼓上人物的巫覡身份，都與生殖崇拜有較大距離。因此，筆者更傾向於將其視爲巫覡裸體做法的表現。（當然，不排除這是南方區域文化的特殊表現，將該區域性生殖崇拜文化傳統融入外來的商文化禮器紋飾特徵，也不是沒有可能。）

圖七　婦好墓出土雙性玉人

八、蹲踞

　　鼓上人物爲正面像，下肢蹲踞，上肢蜷曲上舉。俞偉超認爲它表現的是「九屈神人」〔註40〕，即《楚辭‧招魂》「土伯九約」中的「九約」形象，筆者也贊同此觀點。在商代，更常見的蹲踞形象爲側面蹲踞玉人像，如殷墟婦好墓玉人（小屯 M5：518）（圖八：1）〔註41〕、侯家莊西北岡出土的玉人（M1550_40：R001339）（圖八：2）〔註42〕，以及前例中新幹出土玉人（圖六：1）。另有多例，不再一一舉出，殷墟「浮雕人像多作側視蹲踞形，雙臂上舉」〔註43〕已是共識。美國學者艾蘭曾論證這一姿態玉人的身份爲商代巫覡〔註44〕，加之頭上的角飾和鳥爪狀手，也可輔證其結論。

　　我國早期藝術中蹲踞形態的人物形象非常豐富，甚至世界範圍內諸多早

〔註40〕俞偉超：《「神面卣」上的人格化「天帝」圖像》，第 148 頁。

〔註41〕中國社會科學院考古研究所：《殷墟婦好墓》，第 154 頁。

〔註42〕圖像轉引自：李濟：《跪坐蹲踞與箕踞──殷墟石刻研究之一》，《李濟文集》卷四（上海：上海人民出版社，2006 年版），第 499 頁。

〔註43〕中國社會科學院考古研究所：《殷墟的發現與研究》，北京：科學出版社，1994 年版，第 339 頁。

〔註44〕Sarah Allan, "He flies like a bird； he dives like a dragon： who is that man in the tiger mouth? Shamanic Images in Shang and Early Western Zhou Art". *Orientations*, Apr. 2010, Vol. 41 Issue 3, pp.45-51.

期藝術中都有類似形象出現，已有學者對此進行過細緻梳理〔註 45〕。這裡，筆者不想把該形象意義泛化，僅想強調，在商文化的語境中，我們至少可以確認，商代藝術中的蹲踞人像，其身份爲巫覡。

1.婦好墓玉人（小屯 M5：518）　2.西北岡玉人（M1550_40：R001339）

圖八　商代蹲踞玉人

九、鳥和魚

雙鳥鼓人像兩側有鳥、魚、龍這三種動物，觀察其分佈，手臂兩側爲雙鳥，下肢及身下爲龍和魚。直觀上，我們很容易理解爲這是表現了鳥翔於天、魚潛於淵的狀態。結合商代祭祀文化背景，筆者認爲這樣的裝飾有更深層的象徵意義。魚象徵了「黃泉」（地下世界），而鳥則象徵了天上。在商人的觀念中，地下和天上分別是祖先的身體和「靈魂」的居所，祖先死後身體埋於地下，而靈魂則「賓於帝」，在天帝左右。加之祭祀的目的就是爲穿越生死界限，來溝通人神，所以祭祀禮器上的動物往往具有連接生死世界的象徵意義。祭祀儀式中，巫覡的任務就是使祭品、犧牲能順利地傳遞給祖先、神靈，這就要求他能夠打破地下、人間、天上的界限，所以，鼓上的人物之所以在身側表現了鳥和魚，它應是象徵地表現了巫覡溝通天地的能力。（龍紋的情況則比較複雜，將另文專述）

十、雙鳥

在該鼓上方，有兩個立體鳥形（圖九：1），〔註 46〕從略凹的面部來判斷似乎表現的是鴟鴞的形象，這也和商代藝術中重視鴟鴞的傳統是一致的。究竟鴟鴞是否就是「天命玄鳥，降而生商」的神鳥，這裡筆者不想多做論述，只想強調鳥在商人意識中，應能溝通上天和人間，正如林巳奈夫認爲自殷代

〔註45〕黃亞琪：《左江蹲踞式人形岩畫研究》，2012 年屆中央民族大學博士學位論文，第 171～177 頁。

〔註46〕〔日〕梅原末治：《新修泉屋清賞》，第 102 頁。

到西周前期鳳鳥都具有作爲帝的意向傳達者的性質，〔註47〕卜辭中的「帝史鳳」就是證明。鼓與鳥結合的例子在商代還有出現，如婦好墓出土的石鶹鶹頸有石鼓（圖九：2）〔註48〕。結合種種證據，在神人紋雙鳥鼓的鼓頂上方鑄出兩隻鴟鴉，也許表現了向天帝、祖先傳遞祭祀訊息的意義。

在該鼎上（雙鳥之下）有一饕餮紋（圖九：3）〔註49〕，該饕餮紋設計巧妙，從整體上看是獸面的形式，而換個角度理解也能將其視爲兩只顧首相對的鳥。這主要源於「臣」字目的設計，使之既可以視爲帶勾的饕餮紋眼角，又可以視爲鳥紋的眼睛和喙。從頂部圓雕的雙鳥、到鼓腔上面的雙鳥／饕餮紋，再到鼓身上人物旁邊的雙鳥，以及人物的一雙鳥爪。該鼓多次表現雙鳥的形象，這可能是強調了在祭祀儀式中鳥作爲溝通人神的使者意義。

1. 雙鳥鼓上方雙鳥　2. 婦好墓出土鶹鶹石鼓 3. 雙鳥鼓上對鳥狀饕餮紋

圖九　樂器上的鳥紋

十一、鼉鼓

該雙鳥鼓雖然是鼓的形態，但因下部（四足之中）不是封閉的，應並不能作爲樂器來敲擊演奏。該鼓的原型是以鼉魚皮做鼓面的木鼓，即所謂「鼉鼓」，相關文物在考古發掘中已屢有出現〔註50〕。王子今認爲夔龍和鼉有著密切的關係，即「夔正爲鼉鼓之精」，又由於夔龍的神性，使鼉鼓成爲了祭祀重器〔註51〕。林巳奈夫曾根據夔與鼉鼓的關係論證此鼓上人物就是商人的高祖「夔」，但後來自己也認爲「結果並不理想」〔註52〕。但通過相關文獻我們至

〔註47〕〔日〕林巳奈夫：《所謂饕餮紋は何を表はしたものか——同時代資料による論證》，《東方學報》五十六卷（1984年版），第1～97頁。
〔註48〕中國社會科學院考古研究所：《殷墟婦好墓》，第201頁。
〔註49〕〔日〕梅原末治：《新修泉屋清賞》，第103頁。
〔註50〕陳國慶：《鼉鼓源流考》，《中原文物》1991年第2期，第47～50頁。
〔註51〕王子初：《鼉鼓論》，《中央音樂學院學報》1986年第3期，第27～31頁。
〔註52〕〔日〕林巳奈夫著，常耀華等譯：《神與獸的紋樣學——中國古代諸神》，第139頁。

少可確定，鼉鼓本就是頗具神性的祭祀禮器〔註 53〕，其各部分紋飾特徵的象徵意義和鼉鼓自身的性質在祭祀的「語境」中相得益彰。

十二、對圖像的理解

1. 人物身份及形象

角飾、翎羽、面具、蹲踞等特徵都表明雙鳥鼓中人物的身份為商代的巫覡，有學者認為它表現了商代的祖神。其實，從另一個角度來看，在商代的祭祀儀式中，巫覡和祖先在形象上有可能是同形的。

我們知道，商代藝術諸多特徵都表現出與薩滿教的密切關係，張光直曾有過相關論述〔註 54〕，薩滿教的一個重要特徵就是將神靈請入巫師的身軀之內，類似「降神」或「附體」。江伊莉認為甲骨文的「賓」、「降」和「陟」，都反映了「靈魂」升降的過程，而「異」字（𠬞）正表現了巫覡變形的形象〔註 55〕，而巫覡所「變形」的目標就是祖先「鬼」（鬼）的形象。若依此說，巫儀中巫覡的形象可能同時也是祖先的形象（雖然有這種可能，但筆者對這一觀點仍持保留態度）。

2. 人獸合體

該人物的雙手為鳥爪，身體為蟬身，那應該如何理解這種人獸合體的形象呢？

要回答這個問題，必須要理解鳥、蟬在商代藝術中的意義。上文談到，「鳥」在商人觀念中，是往來人間和上天的使者，巫覡經常「操鳥」做法，也是為了依靠鳥的力量溝通人神，所以鳥爪狀雙手象徵了巫覡對鳥的能力的獲得。那又該如何理解蟬的意義呢？

首先，蟬具有「新生」（重生）的能力。蟬從地下鑽出蛻皮後，能夠以另外一種生命形態存在，某種意義來說，就是「重生」，這與商人相信祖先死後以另外一種形態存在，並能影響人間的觀念是一致的。這可能也是祭祀禮器

〔註 53〕 張法：《蟬、鼉、夔：鼓在中國遠古儀式之初的演進和地位》，《杭州師範大學學報》（社會科學版）2016 年第 5 期，第 1～10 頁。

〔註 54〕 張光直：《商周青銅器上的動物紋樣》，《中國青銅時代》，北京：生活·讀書·新知三聯書店，1983 年版，第 313～342 頁。

〔註 55〕 Elizabeth Childs-Johnson, The Metamorphic Image: A Predominant Theme in Shang Ritual Art, *Bulletin of Museum of Far Eastern Antiquities*. 1998, No 70, pp.5-171.

紋飾中大量蟬紋出現的原因。商代藝術中對具有「重生」能力的動物（器官）有著特別的強調，如蟬（身）、蛇（身）、鹿（角），它們在商代藝術中被不斷重組，創造出不符合現實的新生物，而選擇它們作爲重組的材料，正是基於對其「重生」能力的認識〔註56〕。

其次，蟬的生命歷程所體現的象徵性也與祭祀的目標具有一致性。蟬出於地下，能蛻皮以「新生」，「新生」後又能飛行於天上。地下是祖先的長眠之地，天上是祖先靈魂的最終居所。這樣蟬就天然地成爲溝通人神祖先的理想象徵物（該鼓上方雙鳥之間也有蟬紋，應與雙鳥表達相近的象徵意義）。巫覡在祭祀中會借助動物能力來溝通祖先，動物不僅扮演著助手或工具的角色〔註57〕，也是巫覡溝通人神能力的重要來源。筆者認爲「人首蟬身」的形象正反映了巫覡對蟬溝通人神能力的佔有〔註58〕。

因此，可推測，鳥爪狀雙手和蟬體狀軀體都象徵了在巫儀中巫覡佔有了這些動物溝通人神、祖先的能力。

總　結

神人紋雙鳥鼓中人物的角飾、翎羽、面具、披髮（或羽翅），以及蹲踞的姿態都證明其身份爲商代的巫覡，其裸露的男根表現了巫覡做法時赤身裸體的特徵，而鳥爪狀雙手和蟬體狀軀幹則表現了對鳥和蟬的溝通人神、祖先能力的佔有。人物旁邊的鳥紋和魚紋暗示了黃泉和天上，即祖先身體和靈魂的居所。鼓中多次強調雙鳥，應是對鳥能夠在人和天帝間傳遞訊息意義的強調。另外，雖然鼓上人物身份爲巫覡，但不排除在做法時，祖先可能降神於巫覡的可能，這時巫覡也便是祖先神的形態。

（作者單位：河南大學考古文博系）

〔註56〕　韓鼎：《早期「人蛇」主題研究》。

〔註57〕　張光直：《中國古代藝術與政治——續論商周青銅器上的動物紋樣》，《中國青銅時代》（二集），北京：生活・讀書・新知三聯書店，1990年版，第105頁。

〔註58〕　江伊莉認爲：人獸主題表現了商王向動物變形的形象，商王通過向動物變形以獲得溝通人神的能力。筆者雖不同意人物身份爲商王的說法，但「獲得動物的能力」與筆者觀點相近。Elizabeth Childs-Johnson, The Metamorphic Image: A Predominant Theme in Shang Ritual Art.

周代的「行鍾」與「行器」

張聞捷

摘要：文章通過考察「行器」的內涵以及禮制文獻中的相關記載，探討周代「行鍾」所具有的特殊含義及演變情況。

關鍵詞：周代；行鍾；行器

兩周時期，銅鐘自銘上多有限定其音律或使用場合的語辭，如林、衡、寶、旅、和、協、歌、御、遊、走等〔註1〕，而「行鍾」亦是其中重要一例。在安徽壽縣蔡侯墓出土編鍾上便分別有「歌鍾」和「行鍾」的稱名〔註2〕，李純一先生通過測音後發現，「歌鍾用於上層貴族日常燕饗之時，所以它是按照一個完整音階（或調式）而定音而組合；行鍾爲上層貴族巡狩征行時所用，因而它的定音和組合是以一個音階（或調式）中的骨幹音爲根據」〔註3〕。簡言之，「歌鍾」爲宴飲之用，「行鍾」爲出行之備，二者不僅稱名方式不同，功能和定音上亦各有差別。但近來，在安徽蚌埠雙墩一號墓中亦出土了一套9

〔註1〕 饒宗頤、曾憲通：《隨縣曾侯乙墓鍾磬銘辭研究》，香港：香港中文大學出版社，2007年版，第28～30頁。

〔註2〕 鈕鍾三至七皆自銘「行鍾」，編鎛及其餘鈕鍾自銘「歌鍾」，安徽省文物管理委員會、安徽省博物館：《壽縣蔡侯墓出土遺物》，北京：科學出版社，1956年版，第10頁。

〔註3〕 即行鍾之音較之歌鍾更爲高亢，李純一：《關於歌鍾、行鍾及蔡侯編鍾》，《文物》1973年第7期，第15～19頁。

件完整編鐘，皆自銘「鍾離君柏作其行鐘」，可見均屬「行鐘」之列，然而墓中卻並未見其他歌鐘、寶鐘、旅鐘等，由此不免令人產生疑問：何以鍾離國君僅有巡狩征行之鐘，而無祭祀宴饗之鐘呢？通過對其測音後也發現，該組編鐘使用的是「徵─羽─宮─商─角─羽─商─角─羽這樣的音階結構，在春秋時期南、北兩系編鐘裏都比較常見，是當時 9 件組合編鐘的固定音階模式」〔註4〕，即並未見到較之其他編鐘音色更為高亢的特點，所以這裏的「行鐘」顯然不吻合於巡狩征行之需。

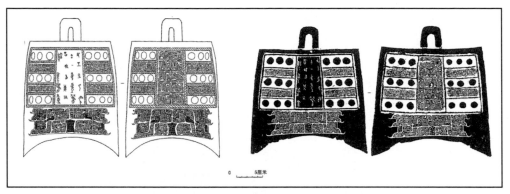

圖 1　鍾離君柏墓出土編鐘及拓片

實際上在卞莊一號墓出土編鐘上自銘稱「童麗（鍾離）公柏之季子康，擇其吉金，自作和鐘……以從我師行，以樂我父兄」〔註5〕，可見「和鐘」亦可兼備於師行之用，而不必專稱「行鐘」。所以這一時期「行鐘」的含義恐怕是需要重新斟酌的。

所幸的是，在春秋至戰國初年，許多出土青銅禮器上亦存在著自銘中有「行」字限定詞的現象，不妨可統稱為「行器」〔註6〕。而周代社會禮、樂並

〔註4〕　安徽省文物考古研究所、蚌埠市博物館：《春秋鍾離君柏墓發掘報告》，《考古學報》2013 年第 2 期，第 239～244 頁；方建軍：《鍾離國編鐘編鎛研究》，《中國音樂學》2012 年第 3 期，第 45～49 頁。

〔註5〕　安徽省文物考古研究所、鳳陽縣文物管理所：《安徽鳳陽卞莊一號春秋墓發掘簡報》，《文物》2009 年第 8 期，第 21～28 頁。

〔註6〕　有關周代銅器稱謂的研究，可參看張亞初：《商周青銅鼎器名、用途研究》，《古文字研究》第十八輯，北京：中華書局，1992 年版，第 301～309 頁；黃盛璋：《釋旅彝──銅器中「旅彝」問題的一個全面考察》，《中華文史論叢》1979年第 2 輯，第 345～365 頁；陳昭容：《兩周婚姻關係中的「媵」與「媵器」──青銅器銘文中的性別、身份與角色研究之二》，《中央研究院歷史語言研究所集刊》第七十七本第二分，第 193～242 頁；陳英傑：《西周金文作器用

重，青銅禮器與樂器之間通常有著近似的使用方法和原則，故可以通過考察「行器」的內涵及變化，並參之以禮制文獻中的相關記載，來推斷周代「行鐘」所具有的特殊含義及演變情況。

一、行器：巡狩征行之器

「行器」的本意確是從巡狩征行活動而來，其初見於西周時期，器銘後多有「用征用行」的固定語辭。《大戴禮記・主言》「行施彌博」王聘珍解詁稱：「行，謂行師征伐」，《周禮・春官・太卜》「一曰征」鄭玄注：「征亦曰行，巡狩也」，故知「行」為總括之名，兼及征伐、會盟、田獵等遠行活動。如『衛文君夫人鬲』「衛文君夫人叔姜作其行鬲，用從遙征」（《集成》・595）；『為甫人盨』「□□為甫（夫）人行盨，用征用行，萬歲用常」（《集成》・4406）等。此類語辭亦見於『侯母戎壺』「侯母作侯父戎壺，用征行，用求福無疆」（《集成》・9657）、『紀伯子父征盨』「紀伯子□父，作其征盨，其陰其陽，以征以行」（《集成》・4442-4445）等器物上，「戎」、「征」二字皆與軍旅有關，是亦可證此時行器的功能。

近來在隨州葉家山墓地西周早期 M65、M111 又皆出土「田壺」1 件，銘文稱「曾侯作田壺」，雖然形制各異，但使用功能上應是相同的，為田獵之遊而作〔註7〕。另有『晉侯對盨』銘曰：「其用田狩」，明證古人可為田狩活動而作器，亦屬廣義的「行器」範疇。馮時先生即稱「田遊之器為方便攜帶和使用，遂製為提梁，或加鋬流，以區別與一般的標準形制」〔註8〕，而這種提梁壺的形製同樣見於「薛侯行壺」（提鏈）、「侯母戎壺」（兩小環形耳）、「樊夫人龍嬴行壺」（兩貫耳穿繩）、「奚季宿車行壺」（兩貫耳穿繩）等一類器物之

途銘辭研究》，北京：線裝書局，2008 年版；鄔芙都：《銅器用途銘辭考辨二題》，《求索》2012 年 7 期，第 109～111 頁；陳雙新：《青銅樂器自名研究》，《華夏考古》2001 年 3 期，第 96～104 頁；黃崇銘：《殷代與東周之「弄器」及其意義》，《古今論衡》第 6 期（中央研究院歷史語言研究所編，2001 年版），第 66～88 頁；張吟午：《「走」器小考》，《江漢考古》1995 年第 3 期，第 79～80 頁等。

〔註7〕 湖北省文物考古研究所、隨州市博物館：《湖北隨州葉家山西周墓地發掘簡報》，《文物》2011 年第 11 期，第 4～60 頁。《湖北隨州葉家山西周墓地》，《考古》2012 年第 7 期，第 31～52 頁；《湖北隨州葉家山 M65 發掘簡報》，《江漢考古》2011 年第 3 期，第 3～40 頁。

〔註8〕 馮時：《葉家山曾國墓地札記三題》，《江漢考古》2014 年 2 期，第 57～62 頁。

上（圖2）〔註9〕，與祭祀所用底部設禁的銅壺明顯有異，可見周人對於不同功能的銅器形制是有相應安排的，這也是「行器」出現的重要思想根源——銅器功能差異化的需要。

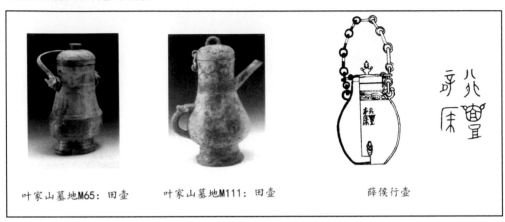

叶家山墓地M65：田壺　　　叶家山墓地M111：田壺　　　薛侯行壺

圖2　「田壺」與「薛侯行壺」

只是在西周時期，這種祭祀禮器與實用銅器間的區別尚不嚴格，銅器功能的分工並非完善，故而一種銅器常被兼用於不同的禮儀場合中。如『膳夫克盨』銘文稱「克拜稽首，敢對天子丕顯魯休揚，用作旅盨，唯用獻於師尹、朋友、婚媾，克其用朝夕享於皇祖考」（《集成》‧4465），即見這件盨不僅用於祭祀皇祖考，也同時兼用於和師尹、朋友以及婚媾等各種宴飲場合。「行器」亦是如此，「用征用行」的語辭也見於一些宗廟祭祀的寶、尊、旅器上，如『陳公子叔原父甗』「唯九月初吉丁亥，陳公子子叔原父作旅甗，用征用行，用饎稻梁，用祈眉壽，萬年無疆，子孫是常」（《集成》‧947），『史免簠』「史免作旅簠，從王征行，用盛稻梁，其子子孫孫永寶用享」（《集成》‧4579），『曾伯□簠』「唯王九年，初吉庚午，曾伯□哲聖元武……余用自作旅簠，以征以行，用盛稻梁，用享用孝於我皇祖、文考」（《集成補》‧4631）等，皆表明宗廟祭祀之器也常被拿來作為出征遠行之用。故而上舉春秋晚期卞莊銅編鍾以「和鍾」兼用於「師行」和「祭祀」（樂我父兄）兩事，顯然是西周傳統制度的孑遺。

〔註9〕　銅壺早期作為盛水使用時，多配以貫耳或提梁。但西周中期後作為宗廟祭祀禮器盛酒時，由於僅陳設使用，且隨底部「禁」一起移動，故雙耳多轉作裝飾部件，如銜環耳、透雕爬獸耳等。參看高崇文：《西周時期銅壺的形態學研究》，收入俞偉超主編：《考古類型學的理論與實踐》，北京：文物出版社，1989年版，第177～233頁。

　　文獻中亦有關於此類「行器」的專門記載。如《左傳・昭公元年》:「具行器矣!楚王汰侈而自說其事,必合諸侯。吾往無日矣。」杜預注:「行器,會備。」楊伯峻注:「準備行裝爲盟會之用」。故《周禮》一書中設有大行人、小行人之職以專司會盟,《周禮・秋官》大行人「掌大賓之禮及大客之儀,以親諸侯」,小行人「掌邦國賓客之禮籍,以待四方之使者」,且「行人」一職亦廣泛見於《左傳》、《國語》、《管子》、《論語》、《史記》等文獻之中〔註10〕,顯然這些「行」的含義均是從上述「行器」一脈相承而來。

　　在此基礎上,周人又進一步衍生出祭祀「行神」的祀典。《儀禮・聘禮》有「釋幣於行,告將行也」,鄭玄注云:「行者之先,其古人之名未聞……今時民春秋祭祀有行神。」胡培翬《儀禮正義》稱:「謂古有始教行之人,後遂祀爲道路之神,其名未聞也」,即「行神」爲遠行護祐之神,以保路途平安。清人孫希旦又將其區分爲「宮中行神」和「國外行神」兩類,《禮記・月令》「其祀行」孫希旦《集解》:「行謂宮內道路之神也……行神所主不同:《月令》『冬祀行』,《聘禮》『釋幣於行』,此宮中之行神也;《聘禮》記云:『出祖釋軷』,軷,祭行神,此國外之行神也。行神皆主道路,但所主不同耳。」而在戰國時期楚地盛行的卜祀祭禱簡中,也大量見到「祀行」的記載,並多用白犬,如包山簡 233「舉禱行一白犬」,望山簡 28「舉禱宮行,一白犬,酒食」,葛陵簡乙一 28 簡「就禱行一犬」,天星觀一號墓簡 38「舉禱行一白犬」,秦家咀 M99 簡「賽禱行一白犬」、江陵九店 M56 日書簡 27「以祭門行,享之」等〔註11〕,《禮記・祭法》篇中還將其列入了與司命、中霤等並重的七祀(或稱「五祀」)之一〔註12〕,足見其在這一時期的興盛程度和時人對於遠行一事的重視。

〔註10〕 宗福邦等編:《故訓匯纂》,北京:商務印書館,2003 年版,第 2044 頁。

〔註11〕 湖北省荊沙鐵路考古隊:《包山楚簡》,北京:文物出版社,1991 年版,第 36頁;河南省文物考古研究所:《新蔡葛陵楚墓》,鄭州:大象出版社,2003 年版,第 203 頁;湖南省文物考古研究所、北京大學中文系:《望山楚簡》,北京:中華書局,1995 年版,第 70 頁;荊沙鐵路考古隊:《江陵秦家咀楚墓發掘簡報》,《江漢考古》1988 年第 2 期,第 36~43 頁;王明欽:《湖北江陵天星觀楚簡的初步研究》,北京大學 1989 屆碩士學位論文,第 44 頁。

〔註12〕 《禮記・祭法》:「王爲群姓立七祀,曰司命,曰中霤,曰國門,曰國行,曰泰厲,曰戶,曰灶。」《禮記・月令》中又有「五祀」之說,鄭玄注云「五祀,門、戶、中霤、灶、行也。」〔漢〕鄭玄注,〔唐〕孔穎達疏:《禮記正義》卷十七、四十六。見〔清〕阮元校刻:《十三經注疏附校勘記》,北京:中華書局,1980 年版,第 17.154b(1382a-b)、46.362a(1590b)頁。

因此，上述行器、行人與行神皆是因巡狩征行活動而來，爲其備器、專設官職與祀典，這是「行」字具有的第一層含義，也是行器製作的初衷和本意。

二、行器：大行之器

但東周之後，在漢淮地區的一些國家，「行器」又被賦予了一種全新的功能和使用方式，這是「行器」開始具有的第二層含義，並對西周以來的葬器制度產生了顯著影響。

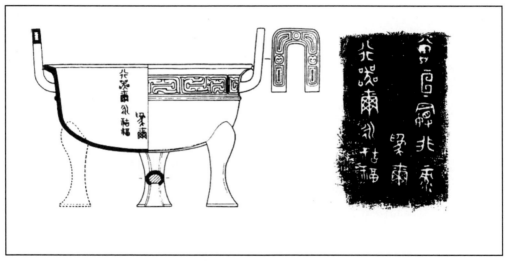

圖 3　棗陽郭家廟墓地 M17 出土「曾亙嫚非錄行鼎」

在棗陽郭家廟曾國墓地 GM17（春秋早期）中，墓葬主室被盜而南側的附葬箱保存完好，共出土銅鼎二件、壺二件、鬲一件，應是一套完整的組合。而且據發掘報告介紹，這些器物出土時「器身殘存範土，無使用痕跡，推測這三種禮器可能是在墓主人下葬前不久新鑄之器」〔註 13〕。其中兩件銅鼎上均有銘文稱「曾亙嫚非錄爲爾行器，爾永祐福」（圖 3），故知是爲嫁入曾國（姬姓）的嫚姓女子所作的「行器」。這裡有兩點值得特別注意：一是銅鼎兩件成套使用的方式，且形制、紋飾一致，大小相次，與周禮「鼎俎奇而籩豆偶」（《禮記・郊特牲》）的原則不合；二是雖然亦屬「行器」，但顯然與傳統的巡狩征

〔註13〕襄樊市考古隊等：《棗陽郭家廟曾國墓地》，北京：科學出版社，2005 年版，第 61 頁。董珊先生認爲「非錄」即「不錄」或「無錄」，是對死亡的諱稱，此器爲「曾亙嫚死後，他人爲之作喪葬用器」，引自馮峰：《東周喪葬禮俗的考古學觀察》，北京大學博士學位論文，2010 年，第 92 頁。

行之器不同，因爲器身上並無任何使用痕跡且殘留範土，並非是墓主人的生前常用之物。

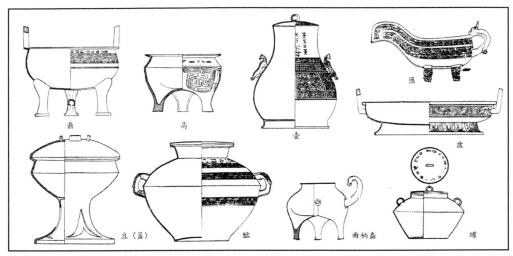

圖4　黃君孟夫婦墓（G2）出土成套行器組合

　　類似的情況亦見於河南光山寶相寺黃君孟夫婦墓（春秋早期）中。G1 爲黃君孟之墓，出土立耳無蓋鼎 2、鏤孔豆 2、矮頸扁壺 2、醽 2、盤 1、匜 1，銘文多爲「黃君孟自作行器……」；G2 爲黃夫人孟姬墓，隨葬立耳無蓋鼎 2、鏤孔豆 2、矮頸扁壺 2、醽 2、鬲 2、盉 1、盤 1、匜 1，銘文多爲「黃子作黃夫人孟姬行器，則永祜福，靈終靈后」（圖 4）〔註 14〕。從禮制的角度看，此兩墓亦皆以 2 件銅鼎隨葬，與周禮不同，尤其是黃夫人還來自於姬姓之國，所以採用上述器用制度應是具有特殊的含義〔註 15〕。而且墓中全用行器隨葬，且組合完整、數量嚴格，顯然是參照一定的標準而鑄造，與此前零星出土的征伐遠行之「行器」（一墓多僅 1～2 件）完全不同。同時若干器物形體巨大、厚重（如盛水的醽），並不適宜於遠行攜帶。

　　此外在信陽平橋樊君夔及其夫人龍嬴的同穴合葬墓（春秋早期晚段）內，樊君夔隨葬銅鼎 2、簠 2、壺 2、盤 1、匜 1，夫人龍嬴隨葬銅鼎 1、壺 1、鬲 2、盆 1、盤 1、匜 1，銘文多爲「樊夫人龍嬴用其吉金，自作行器」〔註16〕。

〔註14〕　河南信陽地區文管會、光山縣文管會：《春秋早期黃君孟夫婦墓發掘報告》，《考古》1984 年第 4 期，第 302～332 頁。
〔註15〕　黃夫人墓中兩件銅鼎不僅形制、紋飾略有差別，銘文字體、位置亦不相同，顯然是爲了湊成特定的組合而後配的。
〔註16〕　河南省博物館等：《河南信陽市平橋春秋墓發掘簡報》，《文物》1981 年第 1

其他如隨州桃花坡 M1〔註17〕、隨州何店古墓〔註18〕、隨州周家崗墓（若依墓中銅簋銘文，墓主人曾任曾國太保一職，顯然身份不會在士一等級、卻也用兩件銅鼎隨葬）〔註19〕、隨州 80 劉家崖墓〔註20〕、羅山高店黃國奚子宿車墓（行器鼎、盆、盤、匜一套）〔註21〕、桐柏月河 M1〔註22〕、M4〔註23〕、桐柏新莊養國貴族墓〔註24〕、信陽楊河番國貴族墓〔註25〕等漢淮地區的貴族墓葬，亦多採用成套的「行器」隨葬，且遵循著與周人迥異的偶數鼎制。所以無論從器物形制還是禮制組合上看，此處的「行器」皆與西周以來的巡狩征行之器有著截然不同的特點。

張昌平先生在統計曾國所出「行器」時發現，這些行器銘文之末多配有「永祜福」的固定嘏辭〔註26〕，而非西周晚期以來常見的「永命」、「眉壽」、「難老」、「萬年無疆」等祈求物主長壽的語句（長壽語辭表明銅器鑄造於物主生前）；同時上述行器均為「自作」（黃君孟行器、奚子宿車行器、黃仲酉行器等）或夫妻間互作（黃夫人行器、曾互嫚非錄行器等），不見為父、母等祖先所作的器例；器物的功能均為「自用」，如『淩叔鼎』「淩叔之行鼎，永用之」（《集成》·2355）、『奚子宿車鼎』「唯奚子宿車作行鼎…自用」（《集成》·2603、2604）等，故銘文後無「用享孝於宗廟」或「用享孝於皇祖、

期，第 9～14 頁。

〔註17〕隨州市博物館：《湖北隨縣安居出土青銅器》，《文物》1982 年第 12 期，第 51～57 頁。

〔註18〕隨州市博物館：《湖北隨縣新發現古代青銅器》，《考古》1982 年第 2 期，第 139～141 頁。

〔註19〕隨州市博物館：《湖北隨縣發現商周青銅器》，《考古》1984 年第 6 期，第 510～514 頁。

〔註20〕隨州市博物館：《湖北隨縣劉家崖發現古代青銅器》，《考古》1982 年第 2 期，第 142～146 頁。

〔註21〕信陽地區文管會等：《河南羅山縣發現春秋早期銅器》，《文物》1980 年第 1 期，第 51～53 頁。

〔註22〕南陽市文物研究所、桐柏縣文管辦：《桐柏月河一號春秋墓發掘簡報》，《中原文物》1997 年第 4 期，第 8～23 頁。

〔註23〕河南省文物考古研究所、桐柏縣文物管理委員會：《河南桐柏月河墓地第二次發掘》，《文物》2005 年第 8 期，第 21～38 頁。

〔註24〕南陽地區文物工作隊：《河南桐柏縣發現一批春秋銅器》，《考古》1983 年第 8 期，第 701～702 頁。

〔註25〕信陽地區文管會：《河南信陽發現兩批春秋銅器》，《文物》1980 年第 1 期，第 42～45 頁。

〔註26〕張昌平：《曾國青銅器研究》，文物出版社，2009 年版，第 240～251 頁。

文考」等語辭。這些銘文內容上的深刻變化都暗示了此類「行器」功能的特殊性，而更顯著的證據來自於淅川下寺 M1 出土的『敬事天王鍾』，銘文稱「唯王正月，初吉庚申，自作鈴鍾，其眉壽無疆，敬事天王，至於父兄，以樂君子，江漢之陰陽，百歲之外，以之大行」（《集成》・73〜4 至 80〜1），「百歲」之辭亦見於山東費縣所出『徐子氽鼎』〔註27〕，「徐子氽之鼎，百歲用之」，顯然是與「永壽用之」類似，表明生前的含義。所以「百歲之外，以之大行」就應是指死後，將這件器物用作大行之器。《詩・唐風・葛生》「百歲之後，歸於其居」即是悼亡之意，《史記・李斯列傳》中亦有：「胡亥喟然歎曰：『今大行未發，喪禮未終，豈宜以此事干丞相哉！』」即將始皇之喪稱爲「大行」，《後漢書・安帝紀》「大行皇帝不永天年」李賢引韋昭曰：「大行者，不反之辭也」，由此說明在這一時期的江漢地區已經出現了將死亡理解爲「大行」不返的思想，再結合上述成套行器組合隨葬的現象，即可明晰這裡的「行」字所採納的正是「大行」之意：行器專爲喪葬活動而備，用以大行，故不再祈求用器者長壽難老；其鑄造於喪葬活動之前不久，故沒有使用痕跡，並皆爲自用之物，遵循特定的禮制規範。

與此相應的是，這一時期的銅器銘文與文獻記載中亦出現了關於死後世界的清晰描述：在中原地區其被稱作「黃泉」、「下土」或「下都」，《左傳・隱公元年》中即有著名的鄭莊公「黃泉見母」的故事，「不及黃泉，毋相見也」杜預注云：「黃泉，地中之泉」，原是指地下之意，爲死者埋藏之所，故可用來代指死亡，亦見於《荀子・勸學》、《孟子・滕文公下》等著作中〔註28〕；「下土」一詞見於『哀成叔鼎』銘，曰：「嘉是隹（唯）哀成叔之鼎，永用禋祀，□於下土，臺（以）事康公，勿或能怠」〔註29〕，就明言哀成叔

〔註27〕 心健、家驥：《山東費縣發現東周銅器》，《考古》1983 年第 2 期，第 188 頁。

〔註28〕 《荀子・勸學》：「上食埃土，下飲黃泉」；《孟子・滕文公下》：「夫蚓，上食槁壤，下飲黃泉。」〔清〕王先謙撰，沈嘯寰、王星賢點校：《荀子集解》卷一，北京：中華書局，1988 年版，第 8 頁；《孟子注疏》卷六下，見〔清〕阮元校刻：《十三經注疏附校勘記》，北京：中華書局，1980 年版，第 6.51a（2715c）頁。

〔註29〕 洛陽博物館：《洛陽哀成叔墓清理簡報》，《文物》，1981 年第 7 期，第 65〜67 頁；釋文參見趙振華：《哀成叔鼎的銘文與年代》，《文物》，1981 年第 7 期，第 68〜69 頁；張政烺：《哀成叔鼎釋文》，《古文字研究》第五輯（北京：中華書局，1981 年版），第 27〜83 頁；蔡運章：《哀成叔鼎銘考釋》，《中原文物》，1985 年第 4 期，第 56〜62 頁。

死後在「下土」繼續「以事康公」；「下都」則見於『鄭藏（莊）公之孫鼎』，銘曰：「佳正六月吉日唯己，余鄭藏公之孫，余刺之□子盧，作鑄□彝，以爲父母。其□於下都曰：『嗚呼，哀哉！刺叔刺夫人，萬世用之』」〔註30〕，顯然也是認爲其逝去的祖先在於「下都」。

在南方則被稱爲「幽都」，戰國時期成書的《楚辭・招魂》篇中有：「魂兮歸來，君無下此幽都些」，王逸注云：「幽都，地下后土所治也。地下幽冥，故稱幽都」。「幽都」本來是指北方偏遠之地，《尚書・堯典》：「申命和叔宅朔方，曰幽都」，此後爲南方的楚人所借用，因其爲極寒之地，適宜於陰氣聚集，故引申爲靈魂的安置所，裏面又有土伯、敦脄、參目等官吏或惡獸。

既然死後已有明確的歸宿，那麼死亡的過程便自然被理解爲通向這些地下世界的漫長行途，而「行器」便是這隨行所用之物。在包山二號墓遣策簡中單設有「相尾之器所以行」組簡（簡 260～264），正對應腳箱（箱尾）所藏各種冠服、安寢、梳妝用具〔註31〕，而未見兵革之物，所以這裏的「行」字恐怕也應理解爲大行途中所備之物？至漢代畫像石中多見「車馬出行圖」題材，便正是展現了墓主死後通向東王公、西王母所在仙境的行程〔註32〕，而其思想根源即在於先秦時期的「行器」所延伸出的大行觀念（唯目的地不同而已）。

在此基礎上，便進而出現了著名的「明器」概念，即孔子所言專致鬼神的「器不成用」之物〔註33〕，實則也是喪時製作、不具實用的隨葬品的統稱，與「行器」之間含義多有相通之處。故《儀禮・既夕禮》中記載：「（大遣奠畢）行器，茵、苞、器序從，車從。」鄭注：「（行器者）目葬行明器，在道

〔註30〕 黃錫全、李有才：《鄭藏公之孫鼎銘考釋》，《考古》1991 年第 9 期，第 855～858 頁。

〔註31〕 湖北省荊沙鐵路考古隊：《包山楚墓》及附錄一《包山二號楚墓簡牘釋文與考釋》，文物出版社，1991 年版。第 276 頁、348～399 頁。

〔註32〕 吳雪珊：《漢代啓門圖像性別含義釋讀》，《文藝研究》2007 年第 2 期，第 111～120 頁；信立祥：《漢代畫像中的車馬出行圖考》，《東南文化》1999 年第 1 期，第 47～63 頁，及《漢代畫像綜合研究》，文物出版社，2000 年版，第 281 頁；羅二虎：《漢代畫像石棺研究》，《考古》2000 年第 1 期，第 31～62 頁等。

〔註33〕 孔子歷來主張：「之死而致死之，不仁而不可爲也。之死而致生之，不知而不可爲也。是故竹不成用，瓦不成味，木不成斫，琴瑟張而不平，竽笙備而不和，有鍾磬而無簨。其曰明器，神明之也」（《禮記・檀弓上》），明器正是在喪時製作、致送於神明的不成用之物。〔漢〕鄭玄注，〔唐〕孔穎達疏：《禮記正義》卷八，《禮記・檀弓上》，〔清〕阮元校刻《十三經注疏附校勘記》第 8.61a（1289c）頁。

之次。」賈疏：「包牲訖，明器當行鄉壙，故云『行器』。」即此行器就是指「當行向壙」的明器。

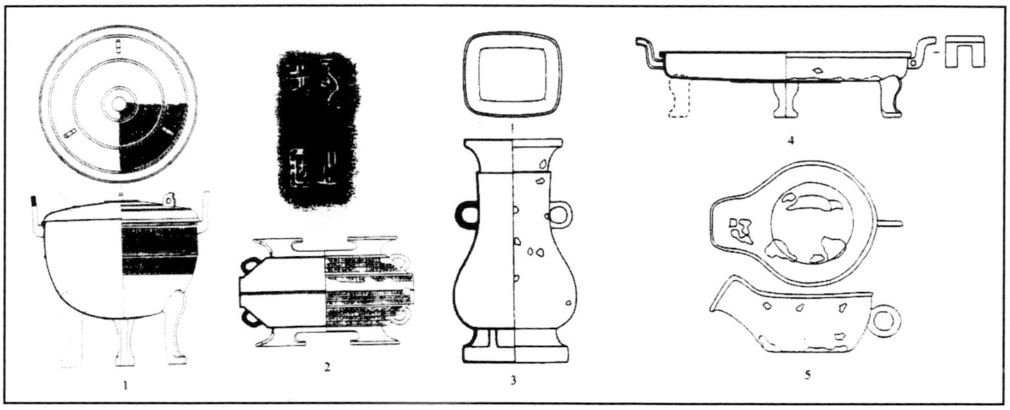

圖 5　隨州東風油庫 M2 可墓中出土成組「明器化」行器

實際考古所見亦能清晰反映二者漸趨重合的態勢（當然行器不必定爲明器，亦有以生前實用禮器改做充當的可能），除上述『曾亙嫚非錄行鼎』外，另像春秋晚期的東風油庫 M1（曾少宰黃仲酉墓）、M2（可墓）中，隨葬青銅器鼎、簠、壺、盤、匜等（數量均爲 1 件）皆自銘爲「行器」，屬一套完整的組合，但均胎體輕薄、製作粗陋，無任何使用痕跡，銅壺器、蓋渾鑄一體且「口、足鏤孔多未穿透，圈足內殘存範土」，明顯屬明器之列（圖 5）〔註 34〕；而在出土了『洛叔之行鼎』的 80 劉家崖墓中，5 件銅編鍾均爲素面，鑄造粗糙、胎體輕薄，表面無任何敲擊的痕跡〔註 35〕，很顯然也十分吻合「器不成用」的明器特點。而既然該墓銅鼎已自稱行器，那麼是否這些編鍾也可依例稱爲「行鍾」呢？

也即是說，在東周時期「行鍾」可能亦如「行器」一樣，指專備隨葬的明器化銅鐘。實際上，東周時期不僅明器化的青銅禮器日趨增多，明器銅鐘的數量也出現顯著的增長。在臨淄淄河店 M2、臨淄大夫觀、陽信西北村、長清仙人臺 M6、後川 M2040、M2041、潞城潞河 M7、侯馬上馬 M5218 等墓葬中皆出土了青銅製作的明器編鍾〔註 36〕，如後川 M2040 中 16 件甬鍾枚裏、甬

〔註 34〕湖北省文物考古研究所：《曾國青銅器》，北京：文物出版社，2007 年版，第 338～361 頁。

〔註 35〕隨州市博物館：《湖北隨縣劉家崖發現古代青銅器》。

〔註 36〕參看《中國音樂文物大系》之《河南卷》《山東卷》《河北卷》，鄭州：大象出版社，1996 年版。

內仍殘留泥芯，器壁厚僅 0.2 釐米，鑄造十分粗糙，「經測音鑒定似非實用樂器」〔註37〕；而在臨淄大武、郯城二中一號墓、易縣燕下都 M16、M30、M8、涉縣北關一號墓等墓葬內則出土了陶製的明器編鍾〔註38〕，更加不具實用功能，只做隨葬之物。顯然這些編鍾不屬於祭祀、宴饗以及巡狩征行用鍾，而僅能歸爲大行隨葬之鍾。

最後再回到文首所提及的鍾離君柏行鍾，雖然該器在墓主生前可能確用於祭祀宴饗等禮儀活動，故音律齊整，但當放入墓葬之中後，顯然只能理解爲大行隨葬之鍾，唯如此才合乎「行」字之意（寓意大行途中所用），並不悖於未見其他禮儀用鍾的情況。而鍾離國所在的蚌埠一帶不正毗鄰上述漢淮諸國嗎？同時該銅鐘上銘文簡短，並未如普遍所見樂鍾上多言祖先之事，而僅提及自做自用，與上述隨葬之行器銘文特點近似，亦可佐證這一觀點。

小　結

東周時期的禮制文獻中出現了有關「行器」的兩種截然不同的解釋，並可與金文、簡牘及考古實物相互印證：其一是以《周禮》中的「行人」爲代表，意爲巡狩征行之意。而爲此類活動所備之「行器」則自西周以來久已有之，銘文後常有「用徵用行」的固定語辭，且器形上多爲便於提攜的實用之物。在此基礎上進而衍生出祭祀「行神」的禮儀，並成爲東周時期極爲重要的祀典之一；其二是以《儀禮》中的「行器」爲代表，意爲行向墓壙的明器，實即隨葬品的代稱。在東周時期的漢淮地區也正出現了用成套「行器」隨葬的現象，無論器形、組合皆與傳統的、周人禮制中的巡狩征行之器不同，在銘文內容上也獨具特色。從『敬事天王鍾』的銘文中可進一步獲知，這一時期業已出現了將死亡理解爲大行不返的觀念，同時關於死後世界的描述也日漸清晰，因此死亡的過程也自然被理解爲通向這些地下世界的漫長路途，故需做器以從之，這便是「行器」隨葬用意的由來。在這一思潮的影響下，專製於喪葬之時、器不成用的明器開始大行其道，成爲東周後顯著的喪葬禮制

〔註37〕中國社會科學院考古研究所編著：《陝縣東周秦漢墓》，北京：科學出版社，1994 年版，第 68 頁。

〔註38〕同注 36。胡小滿先生曾對燕下都所出 150 餘件明器編鍾進行了細緻分析，指出其數量仍具有相當的禮制含義，但由於「禮崩樂壞」局面的出現，樂器漸漸由失律始、繼而失音，變成一種擺設。參看胡小滿：《河北燕下都樂器明器的出土意義》，《中國音樂學》2014 年第 2 期，第 87～93 頁。

改革。「明器」與「行器」之間含義多有相通，故《儀禮》鄭注直稱「行明器」。

　　由於周代社會禮、樂並重，故我們可以將青銅禮器銘文中所見「行」字的多重含義「移植」於編鐘之上，來解釋東周時期出現的一些僅以成套「行鐘」隨葬的現象，至少這其中有部分也應理解為大行之鐘，並迅速推動了明器化編鐘的盛行。

　　這種視喪葬為遠行不返的觀念在漢代更為盛行，並進而促成了畫像石中車馬出行圖的風靡以及「大行皇帝」〔註39〕專稱的出現，同時許多漢墓中亦多有使用明器化編鐘的實例，近出盱眙大雲山 M1 江都王劉非墓中便隨葬著三套明器編鐘與一套實用樂鐘〔註40〕，而其淵源無疑皆在於先秦時期。

　　後記：本文曾在第六屆東亞音樂考古學國際研討會上宣讀，並得到了王子初、馮光生等諸位老師的指正，謹致謝忱！王子初先生並告知盱眙大雲山漢墓中的實用編鐘其實亦音律不整，乃是漢代雙音鐘鑄造技術失傳之故。另朱國偉先生曾就明器編鐘問題給予作者許多資料上的幫助，在此一併致謝！

（作者單位：廈門大學歷史系）

〔註39〕《史記·李斯列傳》中亦有：「胡亥喟然歎曰：『今大行未發，喪禮未終，豈宜以此事干丞相哉！』」；《後漢書·安帝紀》「大行皇帝不永天年」李賢引韋昭曰：「大行者，不反之辭也」。〔漢〕司馬遷撰：《史記》卷二十七，北京：中華書局，1959 年版，第 2549 頁。〔劉宋〕范曄撰，〔唐〕李賢等注：《後漢書》卷五，北京：中華書局，1965 年版，第 204～205 頁。

〔註40〕參看李則斌等：《江蘇盱眙縣大雲山漢墓》，《考古》2012 年第 7 期，第 53～59 頁；南京博物院編：《長毋相忘：讀盱眙大雲山江都王陵》，譯林出版社，2013 年版，第 135～136 頁。

改制不改道的制度分層與變遷
——從工藝制度看周秦之變

徐東樹

摘要：文章借助當代制度理論的分析方法，把制度變遷放在一個從核心價值、意識形態、政治系統、經濟系統到微觀行為模式的分層次的制度系統之中，通過相對微觀的工藝制度分析，以溝通宏觀與微觀、表層與深層，展開人、物、思想三個制度秩序維度的相互關係，認為周秦之際從封建到郡縣雖然政治與經濟制度系統經歷了重大調整，但沒有象殷周之變那樣確立「天子德治」的「尊尊、親親、賢賢」，奠定後世政統、親統、學統思想內核的價值觀念與意識形態。周秦之變「改制不改道」，只是有形顯在制度的變遷，未觸及制約制度演化方向最內在的無形維繫核心，沒有建立新的制度意識形態。

關鍵詞：多維制度系統；本質變遷；顯在變遷的潛在趨同；制度變遷的分層差異

周秦之變，從封建制向郡縣制的轉換，常常被認為是中國制度變遷最為劇烈的歷史節點。近年出版的《從城市國家到中華》中，平勢隆郎這樣說：「在商王朝與周王朝統治的範圍，在大國商與周之下，還有許多附屬小國存在。而戰國以後的國家體制是大國將吞併的小國改設為郡縣，並在中央政權的主導下派遣官吏至地方實施統治。這與商周時期的國家體制在本質上有著天壤

之別。而這也是眾所周知的事實。」〔註1〕本文試圖對這種本質化的看法略作反省，借助當代制度理論的思考視野，從制度分層的角度相對宏觀地審視「周秦之變」，分析到底改變的是制度的哪些層面，是不是還有一些層面，尤其是制度的核心價值系統有新的改變？本文目的不在於推翻舊說，只是把不同的觀點依據其潛在的邏輯，放置於不同的制度文化分層之中，以釐清不同看法之間的相互關係。

筆者不太贊同把周秦制度變遷視爲一個「本質變遷」（如平勢隆郎），我們不妨把它放在一個從核心價值、意識形態、政治系統、經濟系統、微觀行爲模式這樣一個分層次的、複雜的制度系統之中考察，看看在當代制度觀念視野中，周秦之際，哪些變了而哪些未變。

一、制度的分層及其互動關係

制度分層理論涉及了一些較爲抽象的理論分析，我們不妨先試作簡要梳理。對於制度價值核心觀念及其意識形態在制度變遷中的重要意義，其實是在當代比較制度經濟學家的論述中才獲得比較充分的討論。

依筆者有限的視野，當代的經濟學家對於制度的多層次性有較爲清晰、深入的討論與展開。比較簡單的看法是受結構功能社會理論影響的社會三維論，如曹正漢，曹曾這樣闡述制度的三個維度：「我們對任何社會的制度現象都可以從三個角度來觀察：從個體層面上看，我們看到的是個人行爲具有某種模式化的特徵；從個體之間的關係來看，我們看到的是各方共同認可的習俗、慣例、規範或行爲規則；從社會整體來看，我們看到的是某種穩定的社會秩序與有組織的活動體系。這些活動能夠理解是因爲人與人之間建立了某種『結構—功能』組織形式，形成了一定程度有序化的社會活動。」〔註2〕

不過在比較經濟制度學者的眼中，「制度」秩序背後還有更深層次的「觀念」內核在支撐。「比較制度」分析的代表人物、日本經濟學家青木昌彥「共有理念」的提出得到了較多學術認可與回應。在分析相似的制度規則在不同的文化傳統中卻會產生相當不同的結果這一現象時，青木昌彥發現：經濟學的「博弈論分析作爲系統研究制度的理論工具本身尙不完備」，它忽略了制度

〔註1〕 〔日〕平勢隆郎：《從城市國家到中華：殷周 春秋戰國》，桂林：廣西師範大學出版社，2014年版，第10頁。

〔註2〕 曹正漢：《觀念如何塑造制度》，上海：上海人民出版社出版，2005年版，第3頁。

潛藏的「共有理念」的凝聚作用。「制度作為共有理念的自我維繫系統」,「作為許多可能的表徵形式之一起著協調參與人理念的作用」。簡言之,對於制度,是一種「共有理念」起核心作用的行為規則協調系統(結構)。〔註3〕青木昌彥發現制度必須建立於一定的共有價值觀念核心基礎之上,制度才能夠產生其應有的規範社會秩序的作用。青木昌彥對「共有理念」自發性的過分強調,使抽象的「共有理念」與多重複雜的具體制度現象之間以何種方式建立相互關係所論不多,倒是汪丁丁對此做了一些更深入的推進與整合。

汪丁丁近年的「制度分析」逸出了經濟學的領域。在制度的深層內涵上,他一方面把制度「共有理念」置於核心的地位,另一方面又由核心開始,擴展了比較簡單的三維模式,區分出一個多維度多層次的制度系統,從核心到邊緣的次序大體劃分出制度的五個層次。最核心一層是制度的「核心價值」即道德共識及規範;其次則是從道德共識中引申出來的一系列制度理念,如程序「正義」規則,以解決根據什麼樣的規則組成社會的問題(社會理論中稱為意識形態);第三個層次是政治制度系統,即一個道德合法性的政府形態,在一定的道德共識中制定政策;第四個層次才是經濟制度系統,就是經濟規則和交換。在政治規則制定之後,才存在有效的經濟規則和交換;第五個層次則是每一個體或團體在具體制度下的行為。他還深刻地指出,社會制度的演化,可以從這五個層次的任何一個層次的變動開始。新制度經濟學家主要關注的僅僅只是第四層次和第五層次,也就是經濟規則以及個體行為的結構。但這並不足以解釋大範圍大規模的制度變遷,第一、第二和第三層次上的變遷是大範圍的制度變遷,現有的制度經濟學理論並不夠用。〔註4〕值得注意地是,多層次的制度系統中,基本的道德價值、社會的意識形態與基本政治制度是「制度」中比經濟制度更為深層的內容。

此外,汪丁丁也借助於社會學的一些常規觀念,提供了一個特定制度描述與分析的簡要方法,即對任何一個具體的制度作分析可從物、人、精神三要素著手,從物的秩序、人的秩序、精神的秩序這三個維度來具體、微觀地理解制度演化過程,分別沿著這三個維度及其所在具體歷史時期,回溯它的

〔註3〕〔日〕青木昌彥著,周黎安、王珊珊譯:《什麼是制度,我們如何理解制度》,《經濟社會體制比較》2000 年第 6 期,第 28～38 頁。

〔註4〕汪丁丁:《制度分析基礎講義 I:自然與制度》,上海:上海人民出版社,2005年版,第 224 頁。

歷史，我們就可以發現這三個維度存在著內在緊張，把握住了最主要的內在緊張關係（主要矛盾），就可以求得歷史和邏輯的統一。〔註5〕

在汪丁丁制度分析的第五個層次（個體制度化的慣習）與四個層次（經濟制度）之間恐怕還可以插入另一個層次，即一個特定的經濟制度系統之下，會由此衍生出一系列的生產、分配與管理等更為細緻的制度子系統，經濟制度有宏觀與微觀的不同層面。然後，才是個體在各子系統中呈現的具體行為。工藝制度就是四、五之間關於物質文化生產與使用的制度層次，通過這個層次的制度分析，具體展開制度運行機制的物質基礎分析，便於溝通宏觀與微觀、物質與非物質的制度要素、抽象與具體的制度規則之間的關係。

借助於這樣的視野，不妨通過工藝制度的變化所映像出來的社會變遷，試著分析周秦之際的制度變動涉及了哪些制度層次。

二、周秦之際工藝制度的顯在樣式變化及其潛在規則趨同

東周以來的社會劇變反映在工藝制度上是可以看到大量顯在的變遷。

首先在功能上，西周以來器物尤其是禮器原有的嚴格化等級區分象徵功能逐漸弱化，日常實用性功能不斷加強。這個趨勢可以從三個方面顯現出來：1、器物組合中，日常用器漸成主流，新的器型不斷出現。2、器物材質上，漆進銅退，雖然直到漢末青銅仍是重器，但漆器漸成主流。3、器物裝飾上，絢麗而輕便。表現於輪廓上，簡淨流暢的藝術風格是新趨勢；相應的，則是由於裝飾技術手段趨於平面化，浮雕性裝飾高度普遍降低，平面的金屬嵌錯、鎏金、針刻、漆繪等新技術成為新潮並迅速成熟、流行；而裝飾內容上，關注人事活動成為新的方向。〔註6〕總體上而言，器物的製作重心從注重敬神事祖的禮器，逐漸過渡到實用炫耀的生活奢侈品。

然而，在看起來這麼強烈的制度變遷中，卻有一個潛在的文化制度趨同的發展趨勢。正如李零所說：「東周時代的特點就在，地方差異的混融和整個文化的統一才是它的基本趨勢。我們從當時的考古資料中看到的這種四海歸一的傾向，要遠比任何古老殘存或人為製造的地方特色都更為強烈。」李零《論楚國銅器的類型》超越了考古學視野的綜合分析，改變原來以陶器為中

〔註5〕 同上，第224～225頁。
〔註6〕 以上詳細內容可參見尚剛：《中國工藝美術史新編》，北京：高等教育出版社，2007年版，第76～85頁。

心而造成不少分類混亂的器物組合分析方式，發現了東周器物背後有一個比較穩定「不變」的傳統。並指出「過分強調楚文化（特別是早期楚文化）的地方因素，很多誤解就會隨之而來。楚國銅器，特別是戰國以前的楚銅器，要比其他任何南方文化都更接近中原的器物。大量的考古遺跡揭示，楚國精英渴望接納周貴族文化與思想觀念。」〔註7〕而東周墓葬出土本來就以楚國為大宗，且資料系統完整，不同時期、不同等級都有涉及，因此，從楚系墓葬的研究確實可以提供許多細節更為清晰的歷史演化線索。

李零根據年代與等級的可比性，梳理出了一個比較清晰的器物變化系統：回到銅器中心，從楚墓實物表現出來的三個鮮明的貴族等級層次就很清晰，主要器物大體穩定：一是有豪華銅器群的較高級別墓，一是銅器組合不足的中級墓，一是基本只出仿銅陶器的下級墓。在低級貴族的墓中很少發現銅器，只有成套的仿銅陶器。事實反而比較清晰，這三個級別墓的主要器物組合卻是相當一致：

主要器物組合主要為鼎（有蓋撇足中鼎）、瑚（即被宋以後誤稱簋）、缶，或鼎（有蓋細高足小鼎）、敦（晚期用盛代替）、壺（晚期還有鈁）。如春秋中晚期的下寺楚墓器物，等級特徵非常鮮明，凡是出銅器物墓，均不出陶器。偶而二者共出，但銅、陶完全是兩套組合：陶器是實用器，銅器是禮器。到了戰國中晚期，器物種類變多了，大量仿銅陶的出現，導致銅器墓與陶器墓的界限日益模糊了。戰國仿銅陶器很普遍，完全不出銅器的墓也開始有了。而大量仿銅陶器的出現，「它們不僅僅代替墓主不能擁有的銅器種類，還可以在墓主只有某類銅器中的一兩件時，以陶器補足其數，湊成全套。」「我們不能不驚訝，楚國銅器在整個東周時期竟始終保持著穩定，其分類與型式，生滅進退並不顯著和劇烈。」

值得注意的是，一些楚國特有器型，如鼎中的平底鼎（見於春秋中期以來）、圓底撇足鼎（見於春秋晚期以來），高足小型的「楚式鼎」（見於戰國以來），但總的樣式及功能並不出於鼎類器。周代鼎本來全國各地各有特色，其差異是普遍存在的，但是其「器形發展整體上有強烈的趨同傾向」，「它們的差別有點像東周時期各地書寫系統的差別：儘管憑字體的細微差別，我們能立刻分辨其使用區域，但它們表達的還是同樣的語言，同樣的意思。」因此，李零斷言「東周時期的整個中國，它們的製造工藝和裝飾工藝也是一樣的。

〔註7〕 李零：《入山與出塞》，北京：文物出版社，2004 年版，第 275～277 頁。

特別是它們器形發展在整體上有強烈的趨同傾向，相反，它們的地方特色並不明顯（如附耳、蹄狀、鼓腹，以及環耳、捉手蓋，這些鼎的特點，在東周各地都有或多或少的流行）。這種趨同在銅器紋飾的發展上雖然不太明顯，但一樣可以看到。」「東周時代的特點就在，地方差異的混融和整個文化的統一才是它的基本趨勢。我們從當時的考古資料中看到的這種四海規一的傾向，要遠比任何古老殘存或人為製造的地方特色都更為強烈。〔註8〕

以楚國為代表的東周器物上可以看到，形式、風格上的差異掩蓋不住的是器物基本形制、功能與「禮義」上的趨同。如果說，春秋戰國是一個社會大變動的時代，那麼，這個時代的各種「鬥爭」，用韋伯的社會學術語來說，並不是一種無秩序的混戰，從器物中反映出來的是，各國以一種大體趨同的目的、手段和秩序規則為依據的「有序競爭」；不是「開放」的任意爭鬥，而是「封閉的」鬥爭，包含有效的禁止與限制的明確規則。〔註9〕各國之間不斷進行兼併與戰爭，諸侯國內部卻基本延續著「周禮」式的等級模式，諸侯之間的鬥爭運用的理念、規則、目標也大體一致，都延續周代「禮制」劃定的等級差異規則進行爭奪，其最終都試圖在華夏文明的統治區域內「問鼎中原」，努力為霸主地位而角逐。學者陳戍國發現，整個戰國時期，周初制定的政治權力中心繼承權——「嫡長子」制，除了少數例外，戰國七雄以及周王室基本依制執行。〔註10〕也就是說，在社會大變動時代，政治核心權力的基本傳承制度沒有得到動搖。

那麼，要如何理解與解釋這種顯在樣式上的變化與潛在規則上的趨同？

三、禮器「象徵」符號系統的衰微與生活器用的藝術化分級方式

從制度變遷的角度來看，春秋開始的制度僭越，更多是一種表層形式上的「禮崩樂壞」，是一種「貌似破壞」的遵從，可稱「僭位」不「改制」。只是在上層統治階級內部出現的對於更高禮制等級的爭奪。在這個過程中，雖然有不少細部儀節的調整與變化，甚至還有基本權力與政治結構的改變，比

〔註 8〕 參見李零：《楚國銅器的類型》。載李零：《入山與出塞》，第 283～285、325～326 頁。

〔註 9〕 〔德〕馬克斯·韋伯著，胡景北譯：《社會學的基本概念》，上海：上海世紀出版集團，2005 年版，第 60、70 頁。

〔註 10〕 陳戍國：《中國禮制史·先秦卷》，長沙：湖南教育出版社，1991 年版，第 391 頁。

如周王等級的享用者擴大到了諸侯階層，但這還在某種程度上繼續完善並強化著周初以來的禮制規則。〔註11〕真正大量討論、研究禮制，並出現各種禮學思想，都是從東周開始的。東周是一個禮制崩壞與禮制研究、建設同時並行的一個時代，甚至是禮制繁榮的一個時代。否則我們就很難理解：曾國只是楚國一個附屬小國，曾侯的墓與楚幽王墓相比也並不算大，但他的墓室中竟然出土了十幾噸銅器。只有到了戰國末期，青銅禮器為核心的一套器物等級制度，經過長時間廣泛地以陶仿銅禮器所替換，已經近於「戲仿」，而不再以「權威象徵」而被加以重視的時候，才是某一制度到了需要重新調整的邊緣。如果連一個平民都可以隨意地給自己一套劣質仿銅陶禮器作為身後享用的象徵，這樣的身份象徵意義能有多大呢？

秦國晚期器物的變化，可以從一個側面說明西周以來的禮制器物制度已經被部分人率先拋棄了。秦國仿銅陶禮器自春秋中期至戰國中期的組合均為鼎、簋、壺、甗、盤，說明秦人該時期也還以周禮這一套器物來衡量一個人社會地位的高低。但到戰國晚期，傳統禮器已退出歷史舞臺，僅部分墓葬隨葬關東式仿銅陶禮器，組合變為鼎、豆、壺或鼎、盒、壺、鈁。大部分墓葬僅隨葬少量日用陶器，甚至根本無隨葬品。如長安客省莊墓地共發掘 71 座秦墓，個別可早到春秋晚期，多數屬戰國中、晚期，其中僅 M 202 出土一套微型青銅禮器和一柄銅劍，38 座墓隨葬日用陶器鬲、盆、罐、壺，有的器類還不全，26 座墓無任何隨葬品。半坡墓地發掘了 112 座墓葬，時代屬戰國中、晚期，其中隨葬少量日用陶器的墓葬 64 座，組合為釜、鬲、盂、罐、壺、繭形壺等，許多墓葬隨葬品器類不全，48 座墓無任何隨葬品。秦墓晚期隨葬品的急劇變化是秦國社會巨變的一個縮影，一方面反映秦國獎勵耕戰政策以後，加速了社會的分化；另一方面反映秦國社會變革比較徹底，象徵周禮的仿銅陶禮器已基本不用，多用日用陶器隨葬，象徵財富的囷、牛車模型等新式隨葬品逐漸取而代之；再一方面也反映秦國葬俗發生了變化，下層社會盛行薄葬之風，人生追求的目標主要是現世的功利，來世就不像信鬼好祀的楚人那樣特別受到重視。〔註12〕

〔註11〕 筆者《東周造物的制度「僭越」與制度功能》(《裝飾》2009 年第 7 期，第 82
　　　　～83 頁) 一文曾分析過東周禮制的「僭越」恰恰是認同並強化禮制的一种競
　　　　爭方式。

〔註12〕 黃尚明：《東周楚、秦葬俗的簡略比較》，《華中師範大學學報 (人文社會科學
　　　　版)》2003 年第 4 期，第 73～77 頁。

　　戰國以來，器物的基本格局確實在發生著悄悄的變化。一方面，以青銅禮器為核心的一套等級分明、層次清晰的器物制度仍然在慣性中堅持、延續與消耗著；另一方面，新的工藝與裝飾手段卻在生活用具上大放異彩，顯示了上層政治生活的關注重心在變化，他們顯示身份的方式也發生了變化。到了戰國後期，禮器系統化的等級象徵已經被普遍僭越，甚至下層庶人也可以使用系列化的粗劣的陶制禮器，禮制的尊嚴基本已經徒有形式了。

　　當器物的符號象徵意義很難獨佔，上層貴族卻慢慢發展了另一種形式的獨佔，即藝術手段的獨佔。儘管庶人也可能僭用符號象徵，但他們卻沒有能力使用工藝精巧繁複的器用物品。貴族生活用器工藝複雜化是戰國以來一個顯著的特徵。

　　根據戰國五千餘座楚墓的不同規制，學者陳振裕認為可以很清晰地區分出 6 個不同等級，它們分別為：甲類諸侯王墓、乙類封君墓、丙類上大夫墓、丁類下大夫墓、戊類士墓、己類庶民墓。〔註 13〕其中出土的漆器系統很完整，有四個指標要素可以為分級作依據：1、從器形上，可以大致歸納為仿動物形象的、仿銅陶的器皿造型和據生活所需而製作的三大類；2、從胎骨上，主要有木胎、竹胎、皮胎、銅胎、夾紵胎和骨胎六種，且各種製作技法日益成熟並能夠相互配合，使製作工藝更加精湛；3、裝飾紋樣上，可分為動物紋樣、植物紋樣（如樹、花等）、自然景象紋樣（雲雷紋、卷雲紋、渦紋等）、幾何紋樣（圓點、三角、矩形、曲線、圓卷、八角等）、人類社會生活紋樣五大類；4、漆料與繪飾用色上，總的已見有九種，一般同墓所出可多達七種，少的只能用基本的黑紅兩色。〔註 14〕

　　大夫以上，即丁級以上墓，一般三類器形皆全，戊類以下，極少三類，一般只有生活用品；丁級以上，可見多種胎骨，製作考究；丙級（封君）以上一般五大類裝飾俱全，丁級一般只有三類，以下逐級減少；紋飾中，紋樣種類也是依級遞減，生活紋樣只有高級墓才有，其次為植物紋樣，低級墓只有一至兩類；在六類楚墓中，類別越高的楚墓出土的漆器群，其品種與數量越多，器皿造型也越豐富多彩，同一種器類也越見精心工巧變化多樣，紋樣的類型不僅僅依級遞減，其繁複與精巧程度也是越低級越單調，變化也越少。

〔註 13〕陳振裕：《戰國秦漢漆器群研究》，北京：文物出版社，2007 年版，第 6～8頁。

〔註 14〕同上，第 83、165 頁。

如甲級曾侯乙墓中，僅龍的紋樣就有一首雙身、人首雙身、雙首龍蛇、雙首龍、人身四首龍、三首龍、四首龍、鳥龍共身、翼龍、青龍等各種不同形態。〔註15〕僅其中內棺檔板的鳥紋也是形態各異，有立、走、飛、跳、轉等等。〔註16〕（見圖1）

圖1　曾侯乙墓墓主內棺足
　　　擋花紋

圖2　漆奩

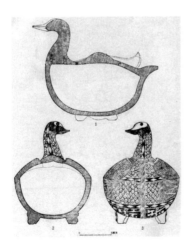
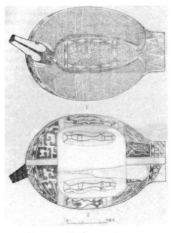

圖3　鴛鴦形盒

　　關於漆器中藝術化獨佔的方式，學者洪石有相似的發現：身份級別較高者才使用有些為當時罕見胎骨製成的漆器。例如戰國中期的湖北荊門包山M2出土的兩件圓奩，胎骨是在麻紗兩面貼以皮革，以生漆黏接（原發掘報告稱

〔註15〕《曾侯乙墓》還作過一個統計表，僅墓主內棺檔板、壁板所繪各種龍計有113
　　　　隻。湖北省博物館編：《曾侯乙墓》北京：文物出版社，1989年版，第43頁。
〔註16〕陳振裕：《戰國秦漢漆器群研究》，第114、165頁。

爲「夾紵胎」），胎厚僅 0.3 釐米（見圖 2）。該墓還出土了木夾紵胎漆盾、革胎漆盾，與這些罕見工藝相稱的是墓主的身份高貴，此墓二槨三棺，墓主官至「左尹」，爵至「大夫」。身份級別較高者使用漆器的種類比較多、造型比較奇特。曾侯乙墓，出土了鴛鴦型漆容器，設計巧妙，造型生動。頭部雕琢，頸下有一圓柱形榫頭，與身榫卯結合，鴛鴦的頭能夠自由轉動（見圖 3），裝飾繁麗是總的風格（圖 4）。包山 M2 出土的一件鳳鳥雙連杯，爲竹、木結合製成的一鳳負雙杯狀，二杯有孔相通，另有兩小鳳爲足（圖 5）。身份級別較高者使用的漆器多加金屬構件，其裝飾也較豪華。在漆器上鑲裝貴金屬（金、銀）以及玉等作飾件。〔註17〕

除了藝術化形式的變化之外，這些器物還有一個大的功能轉向，即器物日益生活化。這表明了上層的生活重心不再通過與祖先的聯繫來獲得精神與意義的保障，而是直接通過現世享受顯示其意義與價值。

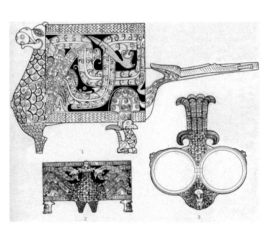

圖 4　龍鳳紋雙連杯

圖 5　龍鳳紋雙連杯

秦漢之後，青銅禮器作爲國之重器開始漸次退出器物的中心，至西漢中期，銅鼎已經恢復了其炊器的本來功能，爲擴大受熱面積，鼎足變長，至東漢，隨著釜甑的普及，漸次消亡。這個過程當然不是一促而就的，秦漢初青銅禮器無論造型還是紋飾都延續自戰國晚期，只是一些重要組合消散，如簠、簋、敦、豆消亡，甗蛻變爲實用的甑，常見的只留有鼎、圓壺、鈁，保留的

〔註17〕 洪石：《戰國秦漢漆器研究》，北京：文物出版社，2006 年版，第 213～218 頁。

多是一些日常用器。﹝註18﹞漢初的漆器卻漸次成為漢代用器的中心。「漆器從戰國至漢代，歷經了幾百年，一些傳統器類，如豆、鼎、鍾、鈁、盛、匜、及禁等『禮器』，虎座鳥架鼓等樂器及鎮墓獸等喪葬用具，逐漸消失，到了西漢中晚期最終摒棄了戰國漆器組合的傳統，而以杯、盤、盂、樽、卮和用來放置這些物品的案及妝奩等日用器具為固定組合，從而形成了漢代的漆器組合風格。」﹝註19﹞

一個制度的變遷，背後可能還包含著意識形態的調整。東周世亂，「德治」內在的緊張與矛盾凸現了出來，在觀念上也開始分化，「尊尊、親親、賢賢」不再三位一體、有效統一，舊有禮制形式面臨新的變革。西周以來的「德」治觀念重心有所轉移，秦制改周制的「德刑二柄」，為「刑賞」二柄，專尚以能為賢。閻步克就認為，秦國廢「德治」行「法治」，當屬一種比較極端的偏離，「法治是獨尚尊尊，而不及親親、賢賢的」，但也不妨看作是周制內在邏輯的一種畸形發展。﹝註20﹞其國勢短阼，很快瓦解，就在於未能建立一種相對穩定有效的制度傳承機制。

政治上分封制到郡縣制，經濟上從世祿制到俸祿制是戰國之後一個重要的制度變革。這個過程，政治經濟上顯然需要新的分級分層方式。物質佔有的方式與器物使用的方式自然要發生變化。周秦之際，以一種比較激烈的方式摧毀原來的貴族世襲，以嚴刑厲法取代禮制，皇帝集權實行郡縣制，採取一人之下，萬人之上的兩極化政治治理模式。然其脆弱性也是顯而易見的。如何更好地統治一個大一統的帝國，仍然是漢代人面對的一個難題，其社會的動盪很大程度上是由皇帝集權政治模式自身存在的弱點所引起。龐大的帝國僅僅依靠金字塔尖的一個「天子」，不可能長期充分有效進行統治，但是如何找到一套新的、有效的社會分層機制以取代周禮，以制約社會中層的過分膨脹壯大導致的帝國分裂，這是一個兩難。周秦之際顯然並沒有為這個難局創制一個新的系統化的意識形態解決方案，就像殷周之際曾經創設了「天子」「德治」的新政治意識形態統治理念那樣。

﹝註18﹞吳小平：《漢代青銅容器的考古學研究》，長沙：嶽麓書社，2005 年版，第 38、294 頁。

﹝註19﹞同上，第 138 頁。

﹝註20﹞閻步克：《士大夫政治演生史稿》，北京：北京大學出版社，1996 年版，第 87頁。

四、殷周之變與周秦社會之變的制度分層差異

我們不妨重新回顧一下錢穆對王國維的批評，看看他們關於殷周之變的主要分歧，以作周秦之變的參照。王國維強調殷周之際建立了一套爲後世所繼承的「德治」意識形態，而錢穆則批評王過於強調抽象的觀念，誇大了殷周之際的社會變遷。〔註 21〕百年前王國維《殷周制度論》的看法雖然並不被普遍接受，但從制度分層的角度，他的看法值得重新重視。

他第一次系統論述了殷周之變奠定的「德治」觀念比周秦之變更深刻，周公制禮帶有根本性的意義，奠定了後世制度的核心理念。只是他的看法一直有批評的聲音。如錢穆就不太客氣地批評他：西周封建制的創興雖是「周民族對於政治組織一種偉大氣魄之表見」，只是王「看史事太鬆馳，不見力量」，殷周制度本一脈相承，封建創興也是迫於一時形勢。〔註 22〕

當代學者何懷宏基本遵循了錢穆的看法，他在論述西周封建制時認爲「周人的創造性在於大封同姓和姻親，使封建與宗法結合，並且中央和地方諸侯一起努力在政治、文化眞正走向創設完整意義的邦國，而這又是當時嚴重的局勢所致，」「所以說眞正的封建國家起於周代未嘗不可。」但又說：「儘管周人的創制是偉大的，但其原由卻往往是客觀形勢逼迫下的應對，而非如王國維所描述的那樣是出於主觀上的深謀遠慮和充滿道德色彩。那些創制或改變歷史的人們常常並不理解他們的行動的深遠意義。」〔註 23〕

這樣的論述似乎客觀，其實卻潛藏了主觀的判斷。周代的封建宗法制確實是客觀形勢與前代的制度積累共同「逼」出來的，但是能夠在歷史的重要關節點上因勢利導，順應潮流，這並不會沒有深遠意義。

二者的分歧，在筆者看來不是史實的差異，只是理論＼觀念依據與立場的不同。周代實行封建宗法制是一大創舉，王強調其「主觀」性，錢、何強調其「客觀」性，王指向無形的深層的制度價值核心與意識形態，而錢更多強調有形（政治經濟）制度的變化。從制度分層角度來看，兩者討論不在同一個問題層次。

王國維論殷周之變處心積慮想要證明的就是：「周禮」確立了一種「理想」

〔註 21〕 王國維撰，黃愛梅點校：《殷周制度論》，《王國維手定觀堂集林·卷第十》，杭州：浙江教育出版社，2014 年版，第 247～261 頁。

〔註 22〕 錢穆：《國史大綱》，北京：商務印書館，1996 年版，第 39 頁。

〔註 23〕 何懷宏：《解釋中國社會歷史的另一種可能性（代序）》，載《世襲社會及其解體》，北京：生活·讀書·新知三聯書店，1996 年版，第 8～9 頁。

的「德治」政治模式──「尊尊、親親、賢賢」。這正包含著他為之殉命的中國皇帝集權王朝的制度核心理念，在家國瓦解的精神幻滅中，王國維敏銳地看到了別人不太強調的一種有關制度價值核心及其政治意識形態的文化建構，西周的「德治」因此於他有著深刻的主觀認同。相反，對於大多數強調有形制度變遷的學者，會認為他過分強調了這個「德治」是經後世儒家道德倫理化的結果，過於「主觀」。王氏說，周人「克殷之後，尤兢兢以德治為業」，並舉《尚書·召誥》一篇說「其所以祈天永命者，仍在德與民二字」，說「周之制度典禮，實皆為道德而設」，「乃道德之器械」。等等。〔註24〕周代的「道德」當然完全不是指個人的德行與倫理品格，這裡包含的是制度背後的思想價值支撐。

其實細究王、錢二者之別，不妨說，是由於他們著眼於制度的不同層面，對殷周之變的判斷也就產生差異，對論證事實的取捨也就有所偏廢罷了。但從制度分層來看，王國維分析了殷周之際有一個制度核心觀念的變遷可謂慧眼獨識。

劉澤華總結過：「在當時（周初）看來，一切美好的東西都包括在德之中。歸納起來有如下十項：1、敬天；2、敬祖，繼承祖業；3、尊王命；4、虛心接受先哲之遺教，包括商先王的成功經驗；5、憐小民；6、慎行政，盡心治民；7、無逸；8、行教化，『惠不惠，懋不懋』。惠；愛；懋；勉。大意是用愛的辦法教育那些不馴服的人，勉勵那些不勤快的人使之勤勉；9、『作新民』，重新改造殷民，使之改邪歸正；10、慎刑罰。」「德是一個綜合概念，融信仰、道德、行政、政策為一體。依據德的原則，對天、祖要誠，對己要嚴，與人為善。用於政治，最重要的是保民與慎罰。」〔註25〕在《尚書》中，周公未明確定義「德」的具體內涵，他把人間帝王的各種行為和品質都稱為「德」，如：「大德」、「元德」、「寧王德」、「文祖德」、「桀德」、「受（紂）德」、「暴德」等等。伐紂的成功，使他認識到帝王行為的「善惡」關係到王權的興亡和臣民疆土的安定。如果我們不試圖從形而下的實證角度去看「善惡」，而是從一種抽象的價值評判標準來看，周代確實建立了一種新的很有彈性的善惡觀念──「德」。

〔註24〕 王國維：《觀堂集林》，第 259～260 頁。
〔註25〕 劉澤華主編：《中國政治思想史·先秦卷》，杭州：浙江人民出版社，1996 年版，第 24 頁。

　　而錢穆看到的是具體的政治制度安排，他的確更清晰地指出了王國維避重就輕的一面——政治統治手段與方式：「西周的封建，乃是一種侵略性的武裝移民與軍事佔領，與後世統一政府只以封建制爲一種政區與政權之分割者絕然不同。」〔註26〕周克商本來就是利用商征東夷，以急行軍式的突襲攻取朝歌，迫使商紂自盡亡國。〔註27〕商統治既久，天下強弱形勢發生了新的變化，商缺乏更新更強有力的制度來控制天下，滅亡之前領地就不斷受到新興部落的侵蝕，然商 600 年統治力量依然雄厚。周初統治者一方面通過分封來穩住局勢（加強宗族勢力，籠絡異姓，打擊、拆散、遷移與起用殷舊族），另一方面通過不斷地征伐反對力量來進一步完成國家大一統使命。但錢穆也忽視了西周崇尚「德治」的豐富含義。它並不指向私德，也不是簡單地善惡評判，而更多的是一種政治意識形態意義上的家國之「德」。同時，西周的德與賢都常常指涉具體的、取得某種成就的能力，而不僅僅表示抽象的個人倫理德行。〔註28〕這一種混融性的「德」包含了豐富而現實的含義，成爲當時重要的政治意識形態，它爲現實的政治軍事行動提供了合理性基礎。周代的偉大創造正在於把武裝侵略與道德權威有機而內在統一於「德治」意識形態之中，變成一個硬幣的兩面而並行不悖。也不妨說，「德治」本來就包含著某種內在的緊張，「德」是通過「治」實現的。

　　周秦之變，卻沒有提供新的制度價值核心思想與政治意識形態，只在原有「天子」「德治」框架內進行調適。漢代以後的「儒表法裏」政治文化只是一種新的皇帝中央集權的有效治理方式，但在意識形態建構領域並不能算是一種全新創制，而只是西周以來意識形態的逐漸深化與成熟。如學者趙鼎新所說，是儒學意識形態與政治權力結合而成一種「帝國儒學」形態。〔註29〕

〔註26〕錢穆：《國史大綱》，第 45 頁。

〔註27〕楊寬：《西周史》，上海：上海人民出版社，2003 年版，第 89～90 頁。

〔註28〕筆者曾在博士學位論文《中國傳統繪畫中的比德觀》（2005 屆，南京藝術學院）第一章第一節中對周代「德」字含義略作梳理。「德」是後起字，其原義比較具體豐富，非僅是後代儒家不斷窄化的倫理化道德。西周時，「德」字仍然常用於泛指某種取得成就的具體能力，直接通「得」，後漸漸用來泛稱事物的特定屬性，東周之後的道德危機導致的倫理論爭，才充分激發了倫理化的道德含義。

〔註29〕趙鼎新：《東周戰爭與儒法國家的誕生》，上海：華東師範大學出版社，2011 年版，第 8～9 頁。

五、改制不改道的社會變遷

　　關於東周的禮崩樂壞，制度的巨大變遷，學者們已經論述甚祥。具體事實沒有太大爭議，學者管東貴曾經作過一個比較詳細的概括：從整體的觀點看，封建制的解體不但是作爲一種政治制度的封建制本身的問題，而是連同它存活的環境，也就是它的社會基礎，整個都發生了根本上的變化的問題。這是一種「大時代」的轉變，封建制之轉變爲郡縣制，只是整個大時代轉變較顯著的一環而已。他列出了這一「大時代」中的六種變化：姓（姬姓氏族）分解爲氏（宗法秩序崩解）；世襲（行政首領，除天子外）轉變爲尚賢；廟堂論政（祭政複合）分化爲朝廷論政（祭政分離）；財產共有轉變爲財產私有；階級制轉變爲齊民化；封建制轉變爲郡縣制。由此，他得出這樣的結論：社會結構的整體轉型成爲必然的結局。〔註30〕

　　六種變化事實沒有爭議，只有定性化的前提可以略加商榷。過於強調整個社會基礎、制度環境整個發生了根本上的變化、「一種『大時代』的轉變」，而沒有意識到最核心的制度核心價值沒有被顛覆，反而通過後來「獨尊儒術」的意識形態重建得以調適與延續。

　　周公制禮如同一個重要的分水嶺，它使前代的各種制度累積在此進入了一個新的社會演化階段，其最重要的變化是制度核心價值觀念的轉移，制度的合法性從遵循一個人格化的「上帝」神的意旨，轉移到以現世君王以德配天來安排社會有序等級的禮樂制度。周初禮制的初創雖未必完善，其後不斷發展的制度方向卻大體沿著「德治」衍生出來的一套「尊尊、親親、賢賢」禮制規則，按照天地四時的象徵方式，在人間秩序與天地秩序之建立了一種同步與類比的關係，使天人合一的基本觀念不斷豐富成熟了起來。

　　周代「禮治」是一種新的混融性的制度安排，其具體實施是周代的「禮」，確立了從貴族集團共治到君王政治中心化的重要制度安排。西周開始的主要禮制——如宗法禮制、學禮、籍禮、冠禮、蒐禮、鄉飲酒禮、饗禮、射禮、贄見禮、報聘禮、婚禮、軍禮等，在當時具有功能的廣泛性與政治性，包括了從宗教、軍事、政治、經濟與日常生活方式各個方面的相關制度規則。這是一種努力把政治秩序、親緣秩序、文化秩序等融爲一體的更彌散性的理想文化秩序，誠如閻步克所論，周禮中社會管理、文化傳習、禮節儀式和法制

〔註30〕管東貴：《從李斯廷議看周代封建制的解體》，載《周秦文化研究》（西安：陝西人民出版社，1998年版）第555～565頁。

刑賞等是混溶一起而不甚分別的，從「尊尊、親親、賢賢」中可以看到有三個基本的文化政治傳統已孕育其中，即吏治的政統、族治的親統、道治的學統。戰國之後的法家崇尚的「法治」，並非憑空而生，它是由「禮治」之中的政統吏道因素充分分化而來的。當各國禮制日益形式化、程序化、系統化，並日益服從於純政治性的思考和服務於純功利性目的之時，所謂「法」「律」也就是將從中脫胎而出了。戰國時代，許多國家發展出因功而授的「賜爵」之法，商鞅變法是軍功爵制逐漸成了一種重要的身份等級。二十級爵各自享有不同特權，並且「民之爵」和「官之爵」亦有區分。這二十個等級被認為分別相當於諸侯、卿、大夫、士，且仍稱為「爵」，說明了官僚等級制是封建等級制的直接變革形態，前者顯然不是在後者之外產生的。早在周代，就已經存在著相當發達的官員體制了，它居然曾與宗法封建制和諧交融，乃是一頗令人驚異的事實。〔註31〕春秋戰國之後的重要變化，不妨看作是三統分化的發展與演化。

　　春秋之後，世襲貴族衰落，布衣卿相食實祿職業官僚崛起，上層結構發生了變化，制度安排開始有所分化發展。如閻步克所論，用禮則重情重德，用法則重刑重事，禮與注重外部行為、依賴條文和政治強制之法異。其所以異，則關涉於社會的進化、分化程度。〔註32〕呂思勉論「法制」變化也曾揭示過制度分化發展的變化：「古之斷獄，所以能重其情者，以其國小民寡而俗樸，上下之情易得而其誠意易相孚也。……聽獄者之誅事而不誅意，果何自始哉？……蓋世風氣稍變，德與禮之用窮，而不得不專恃法。夫法之與德禮，其初本一也，而後卒至於分歧者，則以民俗漸漓，表裏不能如一也。人藏其心，不可測度，何以窮之？則不得不捨其意而專誅其事，而法體由是成。」〔註33〕那麼，我們如何考量周代後期政治制度從世襲到「選舉」新變的深刻程度？禮制與政治相對分開是多大程度上的制度變遷？戰國之慎子已有言：「禮從俗，政從上。」〔註34〕「俗」與「政」在此被視為相形對照的兩極，《管子·宙合》曰「鄉有俗，國有法」，也說明「俗」「法」有異。常金倉指出「古代

〔註31〕閻步克：《士大夫政治演生史稿》第 146、469、470 頁。

〔註32〕同上，第 85 頁。

〔註33〕參見呂思勉：《呂思勉讀史札記》，上海：上海古籍出版社，1982 年版，第 386 ～389 頁。

〔註34〕〔唐〕歐陽詢撰，汪紹楹校：《藝文聚類》卷三十八，上海：上海古籍出版社，1982 年版，第 675 頁。

學者總是禮俗對舉，說明禮俗在他們心目中已是不同的兩類事物。」〔註35〕換句話說，春秋之後，「俗」「禮」「政」「法」等區別，意味著並不存在明確分化的日常生活空間和已分化成組織結構的國家政權遵循著不同的規範，分屬不同的制度層次，有不同的場域規則。但從多維度的制度體系來看，多維的制度系統只是分化了，並沒有新創意識形態取代原有的制度價值核心思想與道德共識基礎。

周禮的瓦解，是「禮之數」發生了大的變遷，但「禮之義」的方面，卻通過儒學，在後世的制度演化中更牢固地確立了意識形態上的正統地位。唐太宗曾問：「禮樂之作，是聖人緣物設教，以為撙節，治政善惡，豈此之由？」杜淹答：「前代興亡，實由於樂」。魏徵則進曰：「古人稱，禮云禮云，玉帛云乎哉！樂云樂云，鐘鼓云乎哉！樂在人和，不由音調。」太宗然之。〔註36〕

因此，秦漢之後社會制度的大變動不妨看作是一種「改制不改道」的變革，它是不斷加強西周以來天子獨尊的一種政治演化方式，並未觸動最根本的制度核心價值以及政治權力核心傳承的方式。當代學者們試圖詳細而全面概括這個大變革，典型的臺灣學者管東貴所強調的「大時代」變革，筆者以為這是看到了變的部分，而沒有看到其中制度深層次要素的潛在延續。周秦之際雖經歷了政治制度的大調整，但還不宜定性為根本制度的徹底革命，其衍生的一系列政治、經濟、生活與個體行為的制度變遷，以制度「根本性、整體性」來描述容易讓人忽略其中未被顛覆的深層制度要素。西周以來天子獨尊在政治建制上的完成，其內在的制度核心價值「以德配天」仍然持續有效地支撐著後世的社會制度。

借用學者趙鼎新的術語，漢武帝建立並完善起來的「儒法國家」，禮俗以儒學為依據規範非正式制度，以維繫宗法社會的基本秩序；法制以法家為宗，規範秦代完善的正式制度，使科層制皇帝中央集權得以有效運作。秦國在長期戰爭中發展出來囊括天下的高效組織形成了超強的科層體制與軍事力量，對於統治力量過於自信。其結果如趙鼎新所指出：「秦帝國從未建立起一套能夠成為至少是國家與社會精英群體合作基礎的統治性意識形態。」而「漢武帝建立的是與秦帝國非常相似的中央集權科層制國家，兩者之間關鍵差異在

〔註35〕常金倉：《周代禮俗研究》，臺北：文津出版社，1993年版，第8頁。
〔註36〕〔唐〕吳兢：《貞觀政要》卷二十九《禮樂》，上海：上海古籍出版社，1978年版，第233頁。

於，秦帝國將其統治權力建立在純粹的強制力量的基礎之上，而漢武帝統治之下的漢帝國則將其統治的合法性奠定於儒家學說以及國家政治與儒士之間的政治聯盟之上。這套政治模式在中國歷史上一直綿延到 1911 年。」〔註 37〕

因此王國維的「偏執」更能讓人看清殷周之變的深刻性，即制度價值核心已發生轉折。而周秦之變，不妨看作是這個核心價值所衍生的政治制度變遷，即從封建到郡縣從世襲貴族到選舉官僚的變化。

漢代之後，皇帝中央集權政體雖不斷有所進退演化，卻已大體完成，所謂「禮法」已經以「法」為主，以「禮」為儀，禮儀成為君主專制的法則的裝飾化制度形式而出現，其等級區分所依賴的方式仍然是一套嚴密的器物制度。中國皇帝集權的法制，與西方的法相對較，不是 rule of law（以法律為最高權威的依法治理），而是 rule by law（以權力為最高權威的以法統治）。法只是皇權的工具，皇權與法是二而一的。不過，周秦之變的反思，至少已經使明智的人知道「家天下」的千秋萬代是一種幻想，而經過「天人合一」與五行相替的思想改造之後，人們通過五德始終的「改德」學說來為朝代更替提供了一個完整的道德化解釋。所謂秦應水德，尚黑；漢應火德，尚赤。〔註 38〕其統治的合理性已經不是哪一個具體的上帝之神來決定，而是包含了天地宇宙理性內涵的天「道」之「德」的力量消長與更替。可以看到，這種制度基礎思想內核出現的重要歷史分水嶺依然源自西周的德治。

中國傳統工藝制度也以物質化的形態深刻地參與了這個根本性制度觀念的形成與演化。器物制度作為制度的最表層形態，與其制度的深層結構也有著內在的呼應。政治秩序變遷會清晰地從器物形態中反映出來，器物的理性化、生活化與藝術化趨勢正是隨著政治鬥爭的不斷激烈而演化，現世政治秩序逐漸成為器物服務的中心。

周代開始，食器以鼎簋為中心、樂器以鍾磬為中心的禮器用物體系不斷完善，衣食以「分」，鐘鼓以「和」，形成了一個高度結構化、細分化的器物系統，物成為繁複禮制儀節不可或缺的組成部分。周代器物系統捨棄殷商酒

〔註 37〕趙鼎新：《東周戰爭與儒法國家的誕生》，第 149、163 頁。
〔註 38〕《杜氏通典二百卷》卷第六十六「禮典」：秦水德，旗斿皆尚黑。其制未詳。漢制，龍旗九斿，七仞，以象大火，鳥旗七斿，五仞，以象鶉火；熊旗六斿，五仞，以象參、伐；龜蛇旐四斿，四仞，以象營室；弧旌枉矢，以象弧也：此諸侯以下之所建也。〔唐〕杜佑撰：《杜氏通典二百卷》，嘉靖十八年西樵方獻夫刊本，第 3 頁。

器中心的器物等級系統，代之以食器爲中心的系統化器物表意功能的改造，比較徹底擺脫了商代器物殘留的自然語言式的器物符號意指方式，進入了一種系統化制度化的符號象徵體系階段。在周代禮制觀念下，西周器物在銘文、組合、紋飾、功能與意義內涵幾個維度之間共同構建了一整套具有新的價值觀念內核（「德治」）的結構與等級表意系統，有完整的縱橫組合，器物的生產與形式有深刻的意識形態內涵。〔註 39〕經過周禮系統化符號化完善之後，器物服飾法天地四時，以一種結構化的縱橫組合來建立一套意義清晰的器物制度已經成爲一個可以直接繼承的歷史遺產。

　　器物的主要服務對象從商代的上帝與祖先之帝，到西周的祖宗與子孫後代，再到東周之後現世的貴族自己，其日常品格越來越強烈，而「藝術化」——其中的兩個主要風格，無論是雕繢滿眼，還是清水芙蓉——成爲秦漢之後新的等級區分手段，而這兩者都不是平民有能力使用與欣賞的，前者以繁複直接展示奢華，後者則是含蓄深沉的低調奢華，都是貴族精神文化的遺產。

　　秦漢之際的貴族藝術化文化獨佔方式沒有象西周那樣帶來全新的意識形態建構。周秦之際的鼎革，雖然具體器物形式系統已經改換，但其意識形態功能卻有內在的繼承性。西漢的具體「輿服」制度雖缺乏比較明確完整的歷史記載，據學者考證，漢高祖劉邦和叔孫通已爲一代輿服制度奠定了基礎，漢高祖及其大臣從觀念上接受了器物制度是「奉宗廟、安天下之大禮」。後人論著中還多有引叔孫通《漢禮器制度》者。可惜《史記》《漢書》沒有專門記載，只有到了范曄《後漢書》才有專門的《輿服志》。此後雖代代有沿有革，然其基本結構與功能卻再也沒有太大的變化。器物不再只是一種審美的物質形式遺產，它作爲文化的載體與裝飾更是權力與等級的象徵。在等級社會中，物並不可能逃脫制度與文化的烙印而成爲單純之物。所有的器物，都是特定觀念與社會制度的產物，都會折射出一定時期人們的思想觀念與行爲規則，以及其中內含著的複雜社會變遷。

（作者單位：福建師範大學美術學院）

〔註39〕 徐東樹：《西周器物的「符號化」及其意識形態轉換》，《民族藝術》2014 年第 2 期，第 137～144 頁。

從楚漢文化傳承的背景說雄戟

蘇輝

摘要：選取雄戟作爲切入點，通過考察具體器具的形制發展、演變與文化觀念的關聯，文章揭示了戰國以降楚漢文化之間演變的內在脈絡。

關鍵詞：楚漢文化；雄戟；形制；文化脈絡

漢代文化的淵源傳承是一個宏大而重要的問題，許多前輩學者都已經在多方面有過詳略不一的論述，對於復原從戰國到秦漢的文化脈絡，展現當時複雜的歷史面貌提供了非常客觀的參考。小文準備延續這個話題，選取雄戟這種兵器切入進行剖析，考察具體器物與文化觀念的流傳演變。

一

雄戟在漢晉人的文辭中較爲常見，如：

> 楚王乃駕馴駁之駟，乘雕玉之輿。靡魚須之橈旃，曳明月之珠旗。建干將之雄戟，左烏嗥之雕弓，右夏服之勁箭。——司馬相如《子虛賦》

> 乃命上將，授以雄戟。桓桓上將，實天所啓。——史孝山《出

師頌》

　　左倚雄戟，右攢干將。——繁欽《撰征賦》

　　丈夫要雄戟，更來宿紫庭。今者宅四海，誰復有不並。——《太平御覽·兵部八十四》卷三百五十三引應璩詩

　　鋋鋋雄戟，清金練鋼。名配越棘，用過干將。嚴鋒勁枝，摛鍔耀芒。——張協《手戟銘》

　　雄戟列於廊技，戎馬鳴乎講柱。——郭璞《登百尺樓賦》

　　吳王乃巾玉輅，軺驑驑，旗魚須，常重光，攝烏號，佩干將。羽旄揚蕤，雄戟耀芒。——左思《吳都賦》

　　漢晉時代文學家在詩歌辭賦中屢屢提到「雄戟」，其中有不少是作為典故來引用，指代堅兵利器和軍事活動，抒發建功立業的抱負與胸懷。通過字書的記載及文賦的注解可知，當時人對於這種兵器的具體形制也有相應的認識。《史記·司馬相如列傳》中有《子虛賦》，裴駰《集解》引張揖《漢書音義》：「干將，韓王劍師。雄戟，胡中有龃，干將所造也。」〔註1〕「龃」同「歫」，二字均即「距」字異體。《集韻·語韻》：「距……或作『龃』、『歫』。」〔註2〕《說文·足部》：「距，雞距也。」段玉裁注：「《左傳》『季氏介其雞，郈氏為之金距』，服曰『以金沓距也』。按鳥距如人與獸之叉。此距與止部之歫異義。他家多以距為歫。」〔註3〕本義指雄雞爪跖骨上生長向後突出的尖刺。《漢書·五行志》：「宣帝黃龍元年，未央殿輅軨中雌雞化為雄，毛衣變化而不鳴，不將，無距。」顏注：「距，雞附足骨，鬥時所用刺之。」可知雌雞無距。朱駿聲《說文通訓定聲》：「字亦作『龃』作『歫』，……《淮南·原道》『雖有鉤箴芒距』，注：『距，爪也』。」〔註4〕程瑤田根據張揖關於「雄戟」形制的描述，做了一定的引申云：「司馬相如《上林賦》有『雄

〔註1〕　《漢書·司馬相如傳》注引張揖曰：「干將，韓王劍師也。雄戟，胡中有龃者，干將所造。」〔漢〕班固撰，〔唐〕顏師古注：《漢書》，北京：中華書局，1962年版，第2539頁。

〔註2〕　〔宋〕丁度等編：《集韻（附索引）》，上海：上海古籍出版社，1985年版，第328頁。

〔註3〕　〔漢〕許慎撰，〔清〕段玉裁注：《說文解字注》二篇下「足部」，上海：上海古籍出版社，1981年版，第84頁。

〔註4〕　〔清〕朱駿聲：《說文通訓定聲》，豫部第九，北京：中華書局，2016年版，第436頁下。

戟』，張揖注云『胡中有鉅者』，蓋言有刺如雞距，《增韻》云『凡刀鋒倒刺皆曰距』。」〔註5〕故程氏認同只要兵器中有刃鋒倒刺者都叫「鉅」。本文爲了漢字輸入方便，後文統一用「距」字。

此外，《史記索隱》引《方言》云：「戟中小子刺者，所謂雄戟也。」此句實出自東晉郭璞對《方言》「三刃枝，南楚宛鄭謂之匽戟」的注解。〔註6〕《廣雅・釋器》「匽謂之雄戟」的解釋應該就是從郭注而來，王念孫的疏證也沒有超出上述古注的範圍〔註7〕。古代學者對於「三刃枝」也有多種意見，眾說紛紜，筆者擬另文探討，這裡就不展開了。

至於匽爲什麼可以叫做雄戟的問題，錢繹《方言箋疏》引用其父錢大昭的說法云：「家君曰：『匽戟』以雄得名。《釋鳥》『鷗，鳳。其雌皇』。戟之雄者謂之匽，猶鳳之雄者謂之鷗矣。」〔註8〕從仿生鑄器的角度而言，戟胡部有鉅之似雄雞，故名雄戟。這是得到大多數學者公認的意見〔註9〕，當然是沒有疑義的，也可以根據辭源的演變來看待這個問題，鳳鳥之雄者爲鷗，故從雄戟連類而及稱鷗戟，匽字本身並不包含雄性之義，從匽得聲的字也大多沒有雄性的含義，匽戟或爲鷗戟的聲轉假借。傳世字書中與「匽戟」詞義有關的兩個字分別是：鋸和鎧，《集韻》、《玉篇》分別釋義爲兩刃戟和三刃戟，可見古代學者已經存在於訓詁上的分歧，對於具體器物形制的描述和印象自然也不會一致。

梳理古書注解可以知道：郭璞認爲只要戟上有子刺的都是雄戟，張揖則明確主張胡中有距才叫雄戟，《廣雅》則指出匽戟就是雄戟。如何辨析上述三點之間的差異和正誤，還需要借助出土實物的驗證。

〔註5〕　〔清〕程瑤田：《考工創物小記》卷四，續修四庫全書卷85（上海：古籍出版社，1995年版）第172頁。

〔註6〕　原文爲：今戟中有小子刺者，所謂雄戟也。

〔註7〕　〔魏〕張揖撰，〔清〕王念孫疏證：《廣雅疏證》卷八上，臺北：廣文書局，1971年版，第267頁。

〔註8〕　錢繹：《方言箋疏》，北京：中華書局，1991年版，第299～302頁。

〔註9〕　鍾少異：《雄戟和雞鳴戟》，載《金戈鐵戟──中國古兵器的歷史與傳統》，北京：中國人民解放軍出版社，1999年版，第34～36頁。

二

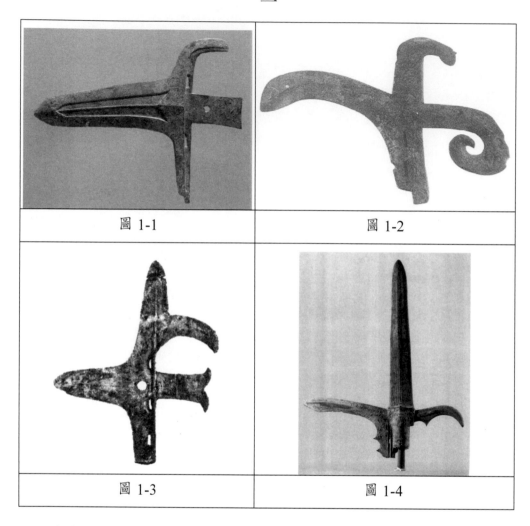

| 圖 1-1 | 圖 1-2 |
| 圖 1-3 | 圖 1-4 |

　　中國現代考古學出現以來在科學發掘中最早發現銅距的遺址是河南山彪鎮戰國墓和輝縣琉璃閣甲墓，作為發掘者的郭寶鈞先生不僅從出土器物中辨析出距，並對距的使用方式作了較為細緻的考證，後來都收錄在《山彪鎮與琉璃閣》這本考古報告中，由此可知山彪鎮 M1 出的是獨體銅距（圖 2-4）〔註10〕，琉璃閣甲墓則是距形內銅戟〔註11〕。沈融先生對先秦時期帶距的青銅實

〔註10〕郭寶鈞：《山彪鎮與琉璃閣》，北京：科學出版社，1959 年版，第 26～27 頁、圖版貳伍的 5 和 10。
〔註11〕郭寶鈞：《山彪鎮與琉璃閣》，圖版壹壹柒-3。河南博物院等：《輝縣琉璃閣甲乙二墓》，河南：大象出版社，第 125 頁，編號 Z 甲—31。

物戟做了綜合考證，認爲從工藝形態劃分，距與戟的搭配關係可以分爲合鑄和分鑄組裝兩種，並重點討論了作爲構件的距在戟上的附著位置、組合形式與裝配方法〔註12〕。近20年來新公佈的古代兵器材料層出不窮，其中不乏有帶距的青銅戟，可以對上述問題的研究有所推動，爲了方便分析，下面在沈文例證的基礎上補充相關器物列表如下：

帶距青銅戟分類例證表

距、戟關係	相對位置方式	例證	年代
合鑄一體	距形內	新淦大洋洲 XDM：133 戟	商代後期
		昌平白浮 M2：33 戟	西周早期
		輝縣琉璃閣 Z甲—31 戟	春秋後期
		洛陽中州路 M2717：145／6 戟	戰國早期
	距、內同側	寶雞竹園溝 BZM8：14 戟	西周早期
	距、胡同側（胡下角）	江陵雨臺山 M277：25 戟	戰國中期
分鑄組裝	距、內同側	三門峽上村嶺 M1705：61 距	春秋早期
		汲縣山彪鎮 M1：56 距	戰國早期
	距、胡同側	汲縣山彪鎮 M1：56-2 距	戰國早期
		洛陽中州路 M2717：154 距	

距、戟合鑄一體有可分爲距形內戟和距內並行戟兩類，前者可舉出寶雞竹園溝 BZM8：14 戟（圖 1-3）〔註13〕，三角援，魚尾形的直內，矛在與內同側的中部還有倒鉤狀的距。後者如 1975 年昌平白浮發現的戟（圖 1-2）〔註14〕，援部略呈弧狀，不僅內作距形，矛的鋒頭部位也下彎成距形，它們共同的源頭可能是商代的勾戟，如新淦大洋洲 XDM：133 銅戟（圖 1-1），矛刺彎折成

〔註12〕 沈融：《東周青銅戟的一種形制及其相關問題》，《華夏考古》1998 年第 2 期，第 87～93 頁。

〔註13〕 盧連成、胡智生：《寶雞强國墓地》，北京：文物出版社，1988 年版，上冊第 182 頁，下冊圖九五-5。

〔註14〕 北京市文物管理處：《北京地區的又一重要考古收穫——昌平白浮西周木槨墓的新啟示》，《考古》1976 年第 4 期，第 246～258 頁。國家文物局：《中國文物精華大辭典·青銅卷》0593 號，上海：上海辭書出版社、香港：商務印書館（香港）有限公司，1995 年版，第 170 頁。

矩形與直內平行〔註 15〕，從年代來看屬於戟上最早帶矩形的雛形，昌平白浮也有同樣造型的戈（M2：35）〔註 16〕，可見其中的脈絡。而帶距的戟沿用到西周、春秋時期，並在造型上有所拓展，其中內作矩形的銅戟成爲兩周時期的主流，此外，東周時期戟的胡和距的刃部常常會做出波形孑刺，這也是西周與東周戈戟的一個區別特徵。非考古發掘的距形內銅戟也有發現，如 1965 年南陽徵集的一件鈹戟（圖 1-4），內也作距勾形，胡部有波折孑刺，闌側爲帶紋銎管，整體合鑄〔註 17〕。造型精美，較之同類的輝縣琉璃閣和洛陽中州路合鑄距內戟更顯特色。

結合古書訓解和實物例子的相互印證，筆者可以得出一些推論：距在戟上的使用時間從商代後期延續到戰國中晚期，期間不斷創新出不同的組裝配置方式，從而形成多種器形，而且各種類別分化的脈絡較爲清晰，其中的構造內核並沒有發生變異，所有帶距的戟本質上都是出自一致的仿生設計理念，具有共同的造型淵源，在中原及其周邊地區都在使用，無論中原還是楚地，也不管王畿還是諸侯屬地，都體現出同樣的文化內涵。因此，可以確定無疑地將它們統一稱爲雄戟，判斷的依據就在於必須配置有距這種構件。如果郭璞注解中的「孑刺」就是指距的話，那麼他對於雄戟的定義是成立的，不過很有可能他所謂的孑刺是指距或胡部的突刺，這樣就會誤導學者認爲凡是具有波形突刺的銅戟都可叫雄戟，而忽略是否帶有距這個根本特徵。孫機先生認爲雄戟、匽戟、雞鳴戟和擁頸戟異名實同〔註 18〕，就是從上述誤導的情況進行推論，顯然過於寬泛，不能令人信服。張揖的注釋僅僅是特指胡下角作距形的雄戟，屬於以偏概全的不完整歸納。討論至此，關於雄戟的判定標準已經解決，那麼剩下的問題就是怎麼審視雄戟與匽戟的對應關係？

《方言》「三刃枝，南楚宛郢謂之匽戟」是關於匽戟最明確的說法，《方言》一書就是根據地域來收集語彙的訓詁著作，從這個角度來考慮，匽戟可

〔註 15〕江西省博物館：《新幹商代大墓》，北京：文物出版社，1997 年版，圖版三五-7。中國國家博物館、江西省文化廳：《商代江南——江西新幹大洋洲出土文物輯萃》，北京：中國社會科學出版社，2006 年版，第 264 頁。

〔註 16〕北京市文物管理處：《北京地區的又一重要考古收穫——昌平白浮西周木槨墓的新啓示》。

〔註 17〕中國青銅器全集編輯委員會：《中國青銅器全集》第 7 卷「東周 1」，北京：文物出版社，1997 年版，圖一四八。

〔註 18〕孫機：《漢代物質文化資料圖説》，北京：文物出版社，1991 年版，第 123 頁。

能是特指在楚地流行的帶距銅戟，由此思路來考察上表中所舉的雄戟實例，真正吻合的只有沈融等學者文中所舉的江陵雨臺山出土的雄戟，也即張揖所述胡下角合鑄距的銅戟，在墓葬中保存至今的數量其實並不多，筆者近來又發現還有 2 件。按照出土時間列舉，這 3 件胡距合鑄戟分別爲：第一件 1973 年出自湖北江陵藤店一號戰國楚墓（圖 2-1）〔註 19〕，現藏荊州博物館；第二件 1975 年出自湖北江陵雨臺山 M277（圖 2-2），也是戰國楚墓；第三件 1990 年湖北襄陽竹條鎮出土，現藏襄陽博物館，器形如圖 2-3。

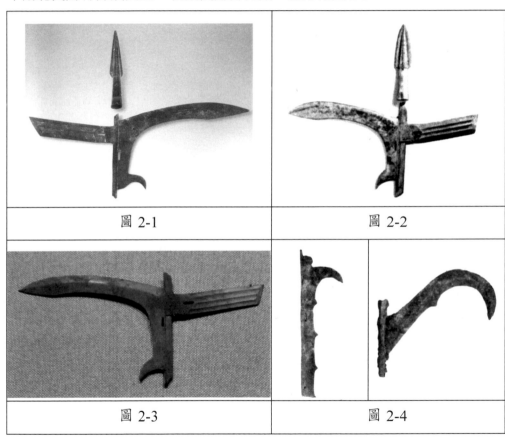

圖 2-1

圖 2-2

圖 2-3

圖 2-4

通過對比可知，三件雄戟的形制非常一致，都是略上揚的微弧長援，前段收成銳鋒，上下闌突出明顯，闌邊側只有 1 穿，斜角長內三邊出刃，其上帶 2 道血槽，胡下末端有倒刺，即古書提到似雄雞一般的鉅。這種雄戟的器主應該具有一定的身份和地位，至少是士以上的級別。因爲藤店 M1 有 5 級

〔註 19〕成都華通博物館、荊州博物館編著：《楚風漢韻：荊州出土楚漢文物精萃》，北京：文物出版社，2011 年版，第 41 頁。

臺階，帶一條墓道，出土器物中包括戰利品越王州勾劍、鎮墓獸，等等〔註 20〕。江陵雨臺山 M277 爲一槨一棺墓，帶有一條墓道，出有象徵身份的鎮墓獸〔註 21〕。《中國考古學·兩周卷》總結楚地甲字形墓時指出：「這類楚墓已發現了數十座。絕大多數屬戰國時期，其中尤以戰國中期者爲多。這類墓的墓主人應爲下大夫或與之身份相當的中層貴族。」〔註 22〕襄陽博物館陳列的這件雄戟的矛頭已經分離，展館也並無其他說明，無法對墓主人做進一步的推測，但身份也不會與上兩個相差太遠。

三件雄戟的出土地點顯示，它們在戰國時期楚地行用的一種實用兵器，今天的荊州和襄陽正處在「南楚宛郢」的範圍之內，這就絕不是一種巧合了，器形、名物和語言、地域的關係如此統一或許正好說明，匽戟特指張揖所述胡下角合鑄距的銅戟。匽戟可以說是雄戟，卻不可反向來定義，因爲匽戟只是雄戟的一個分支，只在戰國中後期特定地域流行。

三

漢晉時代雄戟雖然已經退出實戰兵器序列，但當時學者應該見過戰國時期遺留下來的器形，否則不可能如張揖描述得那麼準確。通過上引文賦也可推測，雄戟很有可能在宮廷和禮制場合等小範圍內使用，在古人來說，前代兵器形制被模傲作爲儀仗或衛士兵器是常見的事，如戰國時代張儀在秦國任相邦時督造的兵器青銅戈在西漢南越王墓中出土〔註 23〕，顯然是作爲禮儀性的物品得到珍藏，並最後隨葬。史書中也常見記載，《史記·呂太后本紀》「代王即夕入未央宮。有謁者十人持戟衛端門」，〔註 24〕《淮南衡山列傳》「王令人衣衛士衣，持戟居庭中」，〔註 25〕當然主要是漢代通行的戟，其中或許就有

〔註 20〕 荊州地區博物館：《湖北江陵藤店一號墓發掘簡報》，《文物》1973 年第 9 期，第 7～17 頁。

〔註 21〕 湖北省荊州地區博物館：《江陵雨台山楚墓》，北京：文物出版社，1984 年版，第 145 頁。

〔註 22〕 中國社會科學院考古研究所編著：《中國考古學·兩周卷》，北京：中國社會科學出版社，2004 年版，第 358 頁。

〔註 23〕 廣州市文物管理委員會、中國社會科學院考古研究所、廣東省博物館：《西漢南越王墓》，北京：文物出版社，1991 年版，第 316～317 頁。

〔註 24〕 〔漢〕司馬遷撰，〔宋〕裴駰集解，〔唐〕司馬貞索引，〔唐〕張守節正義：《史記》卷九，《呂太后本記》，北京：中華書局，1982 年版，第 410 頁。

〔註 25〕 〔漢〕司馬遷撰，〔宋〕裴駰集解，〔唐〕司馬貞索引，〔唐〕張守節正義：《史記》卷一百一十八，《淮南衡山列傳》，第 3084 頁。

仿製的雄戟，學者通人得以明其形制，注解古文，並在詩賦中化用〔註 26〕，而原始的雄戟器物已經湮沒在歷史的長河，形制逐漸被淡忘，其名詞卻通過文學的傳佈而繼續存在。至於唐宋人在詩詞文章中引用的「雄戟」，已經是純粹作為文學典故，與器物原來的形制已經沒有什麼關係了。

漢朝立國雖承秦制，但貴族上層仍以楚地人為多，楚漢之間的文化傳遞實況仍需借助具體的物化資料。先秦楚地考古發現層出不窮，不僅要明晰文物本來的樣子，也要梳理其在後世演變的軌跡，分析內裏蘊含的文化脈絡。本文對於雄戟這種特定器物的考察，只是一個嘗試，怎麼透過外物去揭示楚漢文化的內在聯繫，仍是需要繼續深入探討的問題。

文化的流傳既通過有形的器物和儀式，或是口耳傳唱，或是書籍寫本，也隱含在不經意的日常生活中。上至公卿百官，下到百姓黎民，在新舊文化的交替中分別起到無法用具體數值來表示的推手作用。從文化面貌而言，新的文化不但包含舊有文化的因子，更在此基礎上創造不同以往的元素，在交融中延續傳統，在蛻化中開闢新章。

本文承董珊先生提出寶貴意見，謹致謝忱！

2016 年 9 月初稿

2017 年 6 月二稿

（作者單位：中國社會科學院歷史研究所，出土文獻與

中國古代文明研究協同創新中心）

〔註 26〕 同樣存在一種可能，有的漢晉學者所認為的雄戟並非如本文討論涉及的形制，而是當時行用的另一類戟，這就屬於由此衍生的問題，上引詩歌辭賦中必定也存在誤解性的套用。

器物與空間
——以馬王堆一號漢墓北邊廂隨葬器物爲例 [註1]

聶菲

摘要：文章以馬王堆一號漢墓北邊廂隨葬器物爲對象進行探討，論述了墓葬隨葬器物的象徵意義，以及隨葬器物的組成方式和空間營造的特點等。

關鍵詞：馬王堆一號漢墓北邊廂；隨葬器物；象徵意義

　　長沙馬王堆漢墓是 20 世紀中國重大考古發現之一，三座墓葬規模大，地下埋葬棺槨結構複雜，尤其一、三號墓又幸免於盜墓騷擾，墓內的空間陳設基本上保持了當時原狀，爲研究西漢時期的喪葬禮俗提供了十分寶貴的資料。故本文擬在前賢時彦的基礎上，以一號墓北邊廂隨葬器物爲例，視其爲墓葬的一部分而加以梳理與分析，並嘗試對隨葬器物的象徵意義進行闡述，進而以隨葬器物的組成方式及空間營造的特點爲中心展開討論，力圖拓寬隨葬器物與環境的研究視野與範圍，以求正於大家。

一、空間建構與利用

　　位於故楚之地的長沙馬王堆漢墓屬「井槨」墓 [註2]，考古學上稱之爲間

〔註 1〕　本文係 2008 年度國家社會科學基金項目「馬王堆漢墓漆器整理與研究」
　　　　　（08BKG006）階段性成果。
〔註 2〕　《儀禮・士喪禮》：「（筮宅兆後）旣井槨……」。《儀禮注疏》卷三十七。〔清〕
　　　　　阮元校刻：《十三經注疏附校勘記》，北京：中華書局，1980 年版，第 37.199a
　　　　　（1143a）頁。

切型槨墓，〔註3〕是由四邊壁板和四邊隔板各自分隔的空間，構成四個邊廂。邊廂是槨室的組成部分，自稱爲「廂」，最早發現於包山2號楚墓遣冊中，259簡文載「𢁥（相）尾之器所以行」，「𢁥」借作「廂」，箱尾指槨室內的腳箱，此廂存放的物品供出行使用。實際上，設邊廂的制度在長沙、信陽、廣州等地發掘的戰國楚墓和西漢墓葬均有發現，在古文獻中也可以找到依據。一號墓槨室由長方形木框結構構成，四個邊廂用以存放隨葬器物，出土的紡織品、漆木器、陶器、竹器和其他器物共計千餘件隨葬物品，大部分都放在四個邊廂裏。中間爲墓主的棺室（圖一）。隨葬器物的組成與戰國楚墓相類似，反映出在此地還保留了舊楚地的喪葬風俗。但是，四個邊廂的面積和隨葬器物的配置，均有明顯的不同。

圖一

〔註3〕 黃曉芬：《漢墓的考古學研究》，長沙：嶽麓書社，2003年版，第71頁。

1. 槨室面積

一號墓東、西、南三個邊廂的面積大小相同，長 2.96、寬 0.46 米，邊廂深度同於隔板的高度，即 1.44 米，〔註4〕各邊廂面積爲 1.36 平方米，立體空間爲 1.96 立方米，由於「它們的寬度與深度之比僅爲 3：10，結果大多數葬品只能大致按材質堆放，而不是平放在地面上」〔註5〕。這種窄長的空間，比較適合於立體倉儲式堆放隨葬器物。北邊廂長 2.96、寬 0.92 米。深度也同於隔板的高度，爲 1.44 米，其寬度與深度之比爲 6：10，面積 2.72 平方米，占四個邊廂總面積 6.8 平方米的 40%，等同於其他任意兩個邊廂面積之和，其空間可採取平面方式陳設隨葬器物。事實上，邊廂的大小廣狹，主要依墓主等級的不同而異。《禮記・喪服大記》云：「棺槨之間，君容祝，大夫容壺，士容。」軑侯大人屬「君」級，棺槨之間的寬度可容「祝」。《爾雅・釋樂》郭注：「祝如漆桶，方二尺四寸，深一尺八寸。」可知此墓邊廂僭越禮制甚多。

2. 隨葬器物的空間配置

馬王堆漢墓承襲楚墓間切型槨室的構造特點，隨葬器物堆放在邊廂內。由於東、西、南三個邊廂面積爲長條狹窄形，所以隨葬器物只能採用立體倉儲式存放的做法。但是，三個邊廂的空間配置形式已經有意識地對隨葬器物進行分門別類，按次序放置在相互隔絕的邊廂內。換言之，不同質料、形制和功能的隨葬器物，在墓中實際上是有所分類的，它們共同被用來充填、構成不同的貯藏空間。比如，78%的漆器和全部竹簡都存放在東邊廂，尤其是鼎、鈁、鍾等佔據較多空間位置的大型器具。這裡還有由家臣所帶領的奴役俑，共計 234 件（竹簡統爲 1 件，共 312 簡）。70%的竹笥和貯存糧食的麻布袋堆放在西邊廂，計 61 件。實際上這些規格統一的大件竹笥都繫有木牌，其內還貯藏有食品、衣物和其他物品，「這些標準化的竹笥，以方便搬運和存放」。〔註6〕50%以上陶器放在南邊廂中，共計 90 件。尤其 23 件印紋大口罐體形碩大，內貯藏穀類食物、動植物和調味品，出土時口部有完好草泥塞和緘封「軑侯家丞」封泥，還有由家臣「冠人」所率領的雜役俑（圖二）。總之，「東、南

〔註4〕 湖南省博物館等：《長沙馬王堆一號漢墓》，北京：文物出版社，1974 年版，第 9 頁。

〔註5〕 賴德霖：《是葬品主導還是棺槨主導的設計？──從馬王堆漢墓看戰國以來中國木構設計觀念的一個轉變》，《藝術史研究》第 13 輯（廣州：中山大學出版社，2011 年版），第 1～20 頁。

〔註6〕 同上。

邊廂連同西邊廂因此代表了整個家庭及其財產。大部分的日用器具和食品藏在相當於三個貯藏室的這三個邊廂裏。」〔註7〕事實上，此種陳設方式導致的結果是，「由於大多數葬品都在笥中並堆放於邊廂，它們的真實用途不僅被掩蓋，而且它們的種類、形狀、風格和裝飾等外觀特點也都未得到展示。」〔註8〕

圖二

〔註7〕　巫鴻：《禮儀中的美術：馬王堆再思》，《禮儀中的美術》（北京：生活・讀書・新知三聯書店，2005年版），第118頁。

〔註8〕　賴德霖：《是葬品主導還是棺槨主導的設計？——從馬王堆漢墓看戰國以來中國木構設計觀念的一個轉變》。

相對來說，北邊廂的空間配置與其他三個邊廂有較大的區別。北邊廂寬度比其他三個邊廂寬出一倍，面積也多出一倍，使得北邊廂有充足的空間模擬宅室陳設，器物採用平面陳設方式，四壁張掛絲帷，底部鋪著竹席，西邊陳設漆屏、几案、奩盒、繡枕和香囊等生活用品，東邊有成群的歌舞侍俑，這種隨葬器物的組合配置共同界定了北邊廂特殊空間的象徵意義（圖三）。

圖三

二、隨葬器物與空間營造

北邊廂隨葬器物從實用器物到隨葬專用「明器」，種類較多，它們從不同角度折射出當時社會思想信仰、生活禮儀和喪葬習俗等方面的內容。從西至東陳設的器物：帷幔 1、竹席 1、草席 1、錫鈴形器 16、漆屏風 1、木杖 1、漆几和繡花几巾各 1、繡花夾袱包裹的五子漆奩和雙層九子漆奩各 1、繡枕 1 和枕巾 2、繡花香囊 1、繡花夾袍 1、漆案 1（出土時上置小漆盤 5、漆耳杯 1、漆卮 2、竹串 1、竹箸 1）、漆匜 1、彩繪陶豆 1、漆鈁 1、陶壺 1、漆勺 2、漆耳杯 4、素履和絲履各 1、彩繪立俑 4、著衣女侍俑 10、歌舞俑 8、彩繪樂俑 5、小木瑟 3、小竹扇 1、陶薰爐 1 和竹薰罩 2，共計 87 件。爲更清晰地梳理北邊廂空間的營造特點，對這個特殊空間建構的象徵意義、器物組成格局等進行綜合考察，可由此獲得如下信息：

1.「位」的建構

一號墓北邊廂，緊靠墓主人頭部，與墓道毗鄰，長度與其他邊廂相同，寬度大一倍，接近總面積的一半，87 件隨葬器物屬日常小型器具，平鋪陳設遊刃有餘。巫鴻先生認爲北邊廂這種器物組成和格局，說明了「靈座」在墓

中的設置。〔註9〕事實上，這些人爲建構的供獻祭祀墓主靈魂的「禮儀空間」，「在考古文獻中鮮有提及，其基本原因是『位』並不是一種可以歸類定名的實際對象，而是由多種器物構成的空間」。〔註10〕如上所述，北邊廂所有的器具都是經過特別挑選和精心擺放的。四壁張掛著絲織帷幔，底部鋪以竹席，置卷草席。西部張設屏風，「這個特殊製作的微型屏風，兩面所畫的玉璧和飛龍，依據著墓中設立的靈座，享受墓中安排的豐盛飲食和歌舞聲色之娛」〔註11〕。屏風前置繡花夾袱包裹的五子奩和雙層九子奩等化妝品，還有繡枕、繡花幾巾、繡花香囊、繡花枕巾等，「這些對象都屬於已故女主人的私有品。」〔註12〕兩旁陳幾設杖，「明顯是給一個無形的主人而準備的一個座。座周圍所擺放的物品透露了主人的身份」。〔註13〕中部陳設漆鈁、陶壺與漆勺、陶豆等酒器和盛食器，以及含義特殊的絲履，加之上「置五件漆盤、一件漆耳杯、二件漆卮的漆案，其盤內盛食物、盤上放竹串一件、耳杯上放竹箸一雙的供獻祭祀遺跡，折射出祭祀墓主靈魂的觀念」〔註14〕。東部有著衣女侍俑，以及小竹扇、陶薰爐和竹薰罩等侍者所持之物。著衣歌舞俑和彩繪樂俑和小木瑟明器，「其場景便是木俑正在服侍和娛樂無形的死者靈魂。木俑是爲死者建構『位』（或『位置』）的重要手段」。〔註15〕對此，最近巫鴻先生有更爲深刻的闡釋：安置在內棺外的玟瑁璧引導魂魄離開屍體，帛畫中璧龍組合促成死者從肉體存在到永恆靈魂（圖四），紅棺足擋和屏風上璧龍圖像，顯示靈魂去處：一個是依據著墓中設立靈座，靈魂在此享受墓中安排的飲食和聲色之娛；另一個去處是遙遠的崑崙仙界，充滿了神奇的羽人和祥瑞異獸。兩個去處是不相銜接的，但二者在這裡共存和分立，正與古代有關「魂」、「魄」在人死後一昇天一入地的理論相符。〔註16〕

〔註 9〕 巫鴻：《無形之神──中國古代視覺文化中的「位」與對老子的非偶像表現》，載《禮儀中的美術》，北京：生活・讀書・新知三聯書店，2005 年版，第 515 頁。
〔註10〕 巫鴻：《馬王堆一號漢墓中的龍、璧圖像》，《文物》2015 年第 1 期，第 54～61 頁。
〔註11〕 同上。
〔註12〕 巫鴻：《無形之神──中國古代視覺文化中的「位」與對老子的非偶像表現》。
〔註13〕 同上。
〔註14〕 同上。
〔註15〕 巫鴻：《說「俑」──一種視覺文化傳統的開端》，載《禮儀中的美術》第 600 頁。
〔註16〕 巫鴻：《馬王堆一號漢墓中的龍、璧圖像》。

圖四

2. 以禮而置

先秦時期器服制度的一個最大特點是，各階層的人們都要按規定來執行禮制，規定了一套專門的器具作爲禮儀用器，並圍繞席地跽坐習俗建立了一套嚴格的起居禮儀制度，雖經歷春秋戰國時期的「禮崩樂壞」，秦王朝的專制，

漢初「黃老思想」的洗禮，對先秦禮制衝擊不小，但也並非是全盤否定。直到漢初，席地而居所形成的禮俗觀念仍被沿襲下來，室內家具陳設仍然「以禮而置」〔註17〕。這個時期形成了組合完整的供席地起居的低矮型家具，家具功能性不斷加強，但仍兼有禮器功能，爲低矮型家具的典型代表。

漢人崇信「事死如事生」，北邊廂陳設多仿照墓主生前的擺設，從中可以看出這個空間營造依然遵循「以禮而置」的原則陳設家具。四壁掛絲織帷幔，循「宮室帷帳」〔註18〕之禮；底部鋪以竹席，置草席，遵「筵上陳席」、「以多爲貴」〔註19〕之禮；張設屏風，屬「負扆而坐」之禮；陳幾設杖，置扇，爲「賜之几杖」〔註20〕、「依幾執翣」之禮；陳案酒食，採用分食制之禮俗；案前置雙履，遵「履不上堂」〔註21〕之禮；歌舞宴饗，爲「封侯鼎食」〔註22〕之禮俗……通過這些器具的組合配置，營造出北邊廂尊卑有序的「禮儀空間」。

3. 尊西東向

北邊廂西部張黼扆，設几杖，中部陳食案，置雙履，東部存歌舞樂伎，「這場表演安排在頭廂的東端，與西端的坐榻遙遙相對。我們很容易想像那位不可見的軑侯夫人在座榻上一邊享用飲食，一邊觀看表演的情形。」〔註23〕這一切都表明無形的墓主人的座位是坐西面東的，這與古人尊西東向的禮俗有關。漢代以前建築以東向爲貴。清初學者顧炎武歸納：「古人之坐，以東向爲尊。」〔註24〕清代學者凌廷堪解釋：「蓋堂上以南向爲尊，室中以東向爲尊。」

〔註17〕 翟睿：《中國秦漢時期室內空間營造研究》，北京：中國建築工業出版社，2010年版，第95～102頁。

〔註18〕 《史記‧留侯世家》。〔漢〕司馬遷撰：《史記》卷五十五，北京：中華書局，1959年版，第2037頁。

〔註19〕 《禮記‧禮器》。《禮記正義》卷二十三。〔清〕阮元校刻：《十三經注疏附校勘記》第23.203a（1431c）頁。

〔註20〕 《禮記‧曲禮》。《禮記正義》卷一。〔清〕阮元校刻：《十三經注疏附校勘記》第1.4a（1232b）頁。

〔註21〕 《禮記‧曲禮》。《禮記正義》卷二。〔清〕阮元校刻：《十三經注疏附校勘記》第2.12b（1240c）頁。

〔註22〕 《後漢書‧梁統傳》：「大丈夫居世，生當封侯，死則廟食。」〔劉宋〕范曄撰，〔唐〕李賢等注：《後漢書》卷三十四，北京：中華書局，1965年版，第1172頁。

〔註23〕 巫鴻：《無形之神——中國古代視覺文化中的「位」與對老子的非偶像表現》。

〔註24〕 〔明〕顧炎武著，張京華校釋：《日知錄校釋》（下），「東向坐」條，長沙：嶽麓書社，2011年版，第1112頁。

〔註 25〕古代建築往往是堂室結構，坐北朝南，堂和室建在同一個堂基上。堂和室的上方爲同一個房頂覆蓋，堂在前，室在後，堂室之間隔著牆，牆外屬堂，牆內屬室。北邊廂「這個空間被布置成軑侯夫人的內寢」〔註 26〕，據室內布席之制，《禮記·曲禮》有言：「席南向北向，以西方爲上。東向西向，以南方爲上。」漢代文獻、畫像磚石、壁畫等不乏這方面的形象資料。如四川成都青槓坡東漢畫像磚《講學圖》中，師長背西面東席榻而坐，爲學生講經傳道，學生們席地面師而坐。「登堂入室」的「室內」會宴，《史記·項羽本紀》對鴻門宴席次敘述：「項王即日因留沛公與飲。項王、項伯東向坐，亞父南向坐，亞父者，范增也。沛公北向坐，張良西向侍。」其座次屬室內之禮節。項羽、項伯東向坐，亞父（范增）南向坐，沛公（劉邦）北向坐，張良西向侍。這裡表明項羽、項伯坐的是西面最尊貴的位置。北邊廂主人「靈位」坐西面東，是邊廂最尊貴的位置，象徵墓主人的地位。侍俑樂伎置東部面西，是邊廂最卑微的位置，表明了侍者的身份。

4. 「明不用」

對北邊廂隨葬器物進行分析，大致可分爲兩類器物：

其一，專爲隨葬而製作的器物，即明器。如屏風、幾、侍俑和歌舞樂俑等。因這些器具專用於喪葬，與生器有別，故強調「不可用」的含義。《禮記·檀弓上》記孔子語：「之死而致死之，不仁而不可爲也。之死而致生之，不知而不可爲也。是故竹不成用，瓦不成味，木不成斫，琴瑟張而不平，竽笙備而不和，有鍾磬而無簨。其曰明器，神明之也。」喪禮用明器，爲了使神人異道互不相傷。明器爲「鬼器」，是死者帶到陰間的禮器，因人肉體已死，僅存魂魄，故器物不必實用，聊表尊心而已。

其二，實用器具。如置盤、耳杯、卮、箸的漆案等盛食器，壺、鈁與勺等酒器，匜、五子奩與九子奩、木杖、扇、雙履、席、薰爐與薰罩等生活用具。《禮記·檀弓》曰：「曾子曰：夏后氏用明器，示民無知也。殷人用祭器，示民有知也。周人兼用之，示民疑也。曾子曰：其然乎，其不然乎。夫明器，鬼器也；祭器，人器也。」實用器既包括日常生活用具，即生器，又包括祭

〔註25〕〔清〕凌廷堪著，彭林點校：《禮經釋例》，臺北：中央研究院中國文哲研究所，2002 年版，第 92 頁。

〔註26〕湖南省博物館等：《長沙馬王堆一號漢墓》，北京：文物出版社，1974 年版，第 35 頁；巫鴻：《馬王堆一號漢墓中的龍、璧圖像》。

祀祖先的祭器，即人器。裝盛奠品用來祭奠的一類器具，如銅鼎、陶豆、陶鬲等，不僅祭奠時用它，即陽世之人祭祀死者之器，就是日常生活也要用它。俞偉超先生曾以遣冊記載的祭奠禮鼎判斷「馬王堆一號漢墓的鼎制，實際是沿用了以前的上卿之禮」。〔註27〕但在《儀禮》中有嚴格區分，鄭玄注：大夫以上喪禮可用鬼器（明器）、生器和祭器（人器）三種。〔註28〕也就是說，北邊廂陳設的酒器，盛食器及食物可稱之爲祭器和祭品。

此外，《儀禮・既夕禮》描述了大遣奠儀式中「陳明器於乘車之西」，陳放的一組器物〔註29〕，「不包括祭祖的禮器，但是可以包括死者生前待客時用的樂器（燕樂器）、服役時用的鎧甲等軍器（役器）、閑暇時用的杖、扇、斗笠等隨身用具（燕器）。這組物品（也可能還包括其他器物）在下葬前將再次陳列於墓道東西兩邊，隨後一一放入墓穴。」〔註30〕如果按照巫鴻先生這個推論的話，北邊廂中除專門爲喪禮所特製的明器外，墓主生前使用的衣飾、樂器和起居用具也可歸於明器的範疇。

對此，《荀子・禮論》有更爲深刻的論述：「故生器文而不功，明器貌而不用。」〔註31〕巫鴻先生認爲：荀子特別強調它們的陳放方式必須顯示出「明不用」的含義。說明他的重點不是喪葬器物的具體用途，而是「不可用」的

〔註27〕 俞偉超：《馬王堆一號漢墓用鼎制度考》，載湖南省博物館：《馬王堆漢墓研究》，湖南人民出版社，1981 年版，第 365～366 頁。

〔註28〕 巫鴻：《「明器」的理論和實踐——戰國時期禮儀美術中的觀念化傾向》，《文物》2006 年第 6 期，第 72～81 頁。

〔註29〕 《儀禮・既夕禮》：「陳明器於乘車之西……器：西南上。茵。苞二。筲三：黍、稷、麥。甕三：醯、醢、屑。冪用疏布。二：醴，酒。冪用功布。皆木桁，久之。用器：弓矢、耒耜、兩敦、兩杆、槃、匜。匜實於槃中，南流。無祭器。有燕樂器可也。役器：甲、冑、干、笮。燕器：杖、笠、翣。」大意是：明器陳設在乘車的西側。以最西邊南端爲尊位。包裹羊肉、豕肉的葦苞兩個。盛放黍、稷、麥的畚箕三個。甕三隻，分別盛放醋、醬和薑桂的碎末。瓦兩隻，分別盛著醴和酒。每一器都有木架，器口都塞著。還有死者生前日常使用之器，包括敦、盂等盛食器，盤與匜等盥洗器，以及兵器和農具。燕居時用的樂器。服兵役時用的鎧甲、頭盔、盾牌和矢箙等兵器。閒居時用的手杖、斗笠和大掌扇。《儀禮注疏》卷三十八。〔清〕阮元校刻：《十三經注疏附校勘記》，第 38.204b（1148c）～38.205a（1149b）頁。

〔註30〕 巫鴻：《「明器」的理論和實踐——戰國時期禮儀美術中的觀念化傾向》。

〔註31〕 《荀子・禮論》：「冠有鍪而毋，甕廡虛而不實……有簟席而無床笫，笄竽具而不和，琴瑟張而不均，輿藏而馬反，告不用也。」〔清〕王先謙撰，沈嘯寰、王星賢點校：《荀子集解》卷十三，北京：中華書局，1988 年版，第 368 頁。

意義。不管是「不成物」的陶器還是「無床第」的簟席，明器和生器都是「不完整」的只有形式而無實際功能的器物。〔註 32〕對應北邊廂所出生活用具，絲絹束緊的杖、夾袱包裹的奩，都有束之高閣之意。與實用尺寸不符的屏風、製作粗糙的憑几、棺底尺寸相等的竹席、見匜不見盤的盥洗器、不配套的陶薰爐和竹薰罩、無針的針衣、以錫代銅的鈴形器，均爲「無實際功能的器物」，所有一切似乎都在暗示「明不用」之寓意。究其因，《荀子·禮論》中也有說明：「喪禮者，以生者飾死者也，大象其生，以送其死，事死如生，事亡如存，狀乎無形影，然而成文。」侍奉死者如同侍奉生者一樣，侍奉已不存在的人如同侍奉還活著的人一樣，所祭祀者雖無形無影，但是它可以成爲人們生活中的一種禮儀制度。軑侯夫人生前使用的衣飾、樂器和起居用具，只有形式而無實際功能，只是服務於墓主無形的靈魂，起到禮儀的作用而不再用它，所以這些器物只具外貌而不精製，簡略而不完備，表明那些隨葬的東西不用了。其本質在於「以生者飾死者」，爲的是表達「象其生以送其死」的中心思想。〔註 33〕

三、結語

總而言之，馬王堆漢墓北邊廂隨葬器物以一種特殊的組成和配置方式，營造出祭祀墓主靈魂的禮儀空間，帶著人類童年時期的記憶和幻想，爲解讀漢初社會歷史和喪葬文化提供了鮮活形象的史料，使人們不僅可以直接面對孕育這一獨特文化的社會，還有助於理解和揭示當時的社會性質。

（作者單位：湖南省博物館）

〔註 32〕 巫鴻：《「明器」的理論和實踐──戰國時期禮儀美術中的觀念化傾向》。
〔註 33〕 同上。

疊套：漢代銅器製作的一種手法[註1]

張翀

摘要：漢代銅器處於中國青銅時代的末期，其中也出現了非常有價值的器物，如長信宮燈，但多少也被青銅器研究者所忽視。現在重新檢視西漢劉勝墓出土幾套器物，發現這種可以相套在一起的銅器，非常少見，可以說是銅器一種極爲精細的製作方法，我們稱之爲疊套，並對其製作傳統做以簡要討論。

關鍵詞：漢代銅器；套杯；劉勝墓；疊套

漢代是中國古代青銅器發展史的尾聲，但也有一些值得研究甚或有所意趣的器物，如薰爐、銅鏡、兵器等。究其器物而言，還出現了一種尺寸大小遞減的套裝銅器，如滿城漢墓劉勝墓（一號墓）出土的一件（套）銅套杯（圖1）[註2]，引起我們的興趣。

估計因爲當時清理的緣故，沒有發現同屬於一組疊套相裝的其他器物，發掘報告只是將這件器物稱爲盒。「器身作口大底小之直筒形，矮圈足」，後來在收藏單位的圖錄中予以正名[註3]，「桶形套杯」，並發現套裝的情況。正

────────────────
〔註1〕 本文受國家社科基金項目《夏商周青銅禮器的興衰及其原因》資助，立項號：15BKG007。
〔註2〕 中國社會科學院考古研究所、河北省文物管理處：《滿城漢墓發掘報告》（上冊），北京：文物出版社，1980 年版，第 77～78 頁。
〔註3〕 河北省博物館編：《河北省博物館文物精品集》20，北京：文物出版社，1999 年版，第 20 頁。

式報告的這一小錯誤，能被展覽圖錄所糾正的力度也很小，以至於讓研究者也隨之忽視。〔註4〕甚至在《中國青銅器全集》中也只是正名爲「杯」，但並沒有注意到疊套的形式，當然也未將橢圓銅杯（一稱鋪）注明套杯。〔註5〕如果說這件（套）器物是一件套杯的話，那麼該組的每件銅杯的尺寸則大小遞減，可以像俄羅斯套娃一樣收納到最大一件銅杯中。這就很有意思，也可以藉此討論漢代銅器製作的一種手法，即疊套。

圖1　西漢桶形套杯，圖片採自河北省博物館編：《河北省博物館文物精品集》，文物出版社，1999年版，第20頁）

〔註4〕在田旭《秦漢青銅容器研究》（清華大學碩士畢業論文，2008年）中的杯類銅器中沒有收入這組器物，反而收藏同墓出土的另一組套杯，下文亦會提到。吳小平《漢代銅容器的考古學研究》（長沙：嶽麓書社，2005年版）也把這兩套器物作爲特例，排除在考古類型學之外，沒有收錄討論。

〔註5〕中國青銅器全集編輯委員會編：《中國青銅器全集・12・秦漢》七四、七五，北京：文物出版社，1998年版，第23～24頁。

　　發掘報告整理中的一個小小疏忽，使我們錯失了研究這類器物的一個良機，好在同墓還出土有一組五件套的橢圓銅杯〔註6〕（圖2），使我們可以參照比較研究。其實，通過紋飾，整理者已經注意到這件誤稱爲盒的器物與橢圓銅杯的關係，「盒之通體飾方格圖案花紋，盒身（包括底部）的圖案以鳳鳥爲主題，如同橢圓形杯的第一種圖案；蓋面的圖案以形象化的鳥紋爲主題，如同橢圓形杯的第二種圖案。」通過我們仔細觀察，發現這件桶形杯的一面上下有三個實心的菱形，這是因勾連方格紋的組合所致。再進一步觀察，發現桶身的紋飾可以以中間一枚實心菱形，分爲上下兩段，因爲這個勾連方格所組合形成一個實心的菱形可能爲合範而成，在接縫上下有一絲縫隙。再繼續觀察，發現桶形套杯的一個面上有三條豎向的范線，上下段皆有，也就是說上下各段皆用四塊範合鑄，即桶身至少用了八塊範。當然限於條件，我們只觀察了桶形套杯最外一套層的杯體，即便如此，還是不得不驚奇於這一件通高 14.5 釐米、口徑 5.5、圈足徑 2.9、蓋高 2.1 釐米的桶杯，僅杯體就用了八塊範。我們暫時觀察不到杯蓋及足底，無法確知合範的具體情況。再往前推一步，就是一塊範的尺寸絕不超過 7 釐米。這樣做有兩個優勢，第一，保證了器物尺寸的精確性，這對套杯而言，是至關重要的。第二，上下分段的做法，使得桶杯具有向下收刹的外形，減少了銅水澆鑄使得陶範錯位變形的危險。不過，在中間實心菱形塊上也存在四個拼合的部件接縫錯位，但應該只是影響到表面紋飾，無關大局。我們還要感謝這個錯縫，給了我們可以進行細讀的機會。事實上，在它上下兩端的另外兩個實心的菱形，也有接縫，但拼合得更爲緊密，周圍也暫無法確認爲范線。如果還有合範的情況，那範的塊數則會更多。現在我們只能保守地認爲：桶身分爲上下兩段，每段使用四塊合範，至少用了八塊範。〔註7〕這樣上下節節相連的合範設計與製造，使得上大下小收刹的桶狀杯形可以成形，因爲整組器物是杯杯相套的設計理念，所以只要一件杯壁但凡有一點錯位，就可能無法將整套桶杯完整成功收納〔註8〕。於是，就要利用越多越小的模更加精細地控制桶

〔註6〕　中國社會科學院考古研究所、河北省文物管理處：《滿城漢墓發掘報告》（上冊），第 72 頁。

〔註7〕　本文寫作時，與蘇輝兄一起同觀圖錄，發現可能是以三個實心菱紋中縫爲界限，分爲上下四段，再加之左右向的四塊，桶形套杯的杯身就需要 16 塊的外範，估計每塊長度不超過 3.6 釐米，數量與尺寸都可能令人吃驚。在橢圓套杯身上也發現類似複雜的范線。

〔註8〕　我們現在不太清楚這組器物確切有幾件，但若根據橢圓套杯的情況，也可能

杯的尺寸。〔註9〕

圖 2　西漢橢圓形銅套杯（河北省博物館編：《河北省博物館文物精品集》，
　　　文物出版社，1999 年，第 19 頁）

　　實在是因爲當初整理沒有注意這套器物，致使現在考察起來有一些難
度。不過我們可以參照橢圓套杯的一些信息再做進一步的討論。我們認爲，
五件套的橢圓套杯與這件（組）桶形套杯爲一組器物組合。其理由有三：一、
報告整理已經注意到的紋飾，兩者的器身上都有近似的勾連方格紋與鳳紋，
在桶形杯蓋上的形象化鳳鳥紋（圖3）也見諸橢圓杯上。二、裝飾手法趨近，
桶杯在口沿、圈足和蓋緣等處加有鎏金工藝，在橢圓杯上也有類似的手法。
當然中山王墓中的銅器多有鎏金的工藝，但我們也可以從三方面印證這兩套
器物確實成組。首先，兩者在口沿、圈足等器物邊緣處鎏金，極類似後世的
金釦手法。次者，在桶杯的環鈕、橢圓杯的附耳等器物附件上加以鎏金。再
者，鎏金不憚以破壞銅杯的紋飾，在桶杯蓋上的三道凸線紋上面有鎏金，「打
破」著蓋上的鳳紋。橢圓杯上則有四道交叉的鎏金豎帶，均「打破」了器身
上的紋飾。三、兩件器物均出於劉勝墓的中室正中靠近後室門道附近〔註10〕
（圖 4），頗有意思的是橢圓套杯與套缽爲數件擺開且相間排列，而稍外（即

有五件桶杯。

〔註9〕 這就如同將仿眞模型將零件拆分十分精巧，越細緻越能控制模型的逼眞度，
　　　只不過西漢的銅套杯需要解決的不是「眞實」問題，而是要解決五件桶杯套
　　　在一起的技術難題。

〔註10〕 從器物出土位置圖來看，282～286 爲五件橢圓形套杯，275～279 爲套缽，273
　　　爲本文主要討論的桶形套杯，不過是合在一起。

西處）的桶形套杯則是收納於一起埋入，可能是這套套杯製作更爲精美，才有將其作爲一器予以埋葬的心理。正因爲以整體下葬，才使得最初清理的時候將其視爲單獨一件器物。

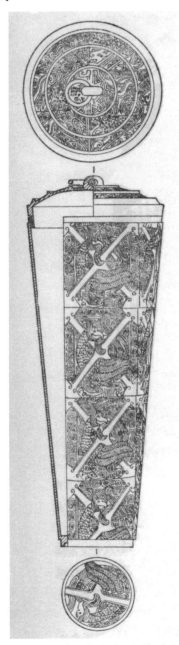

圖 3　筒形套杯線圖（採自《滿城漢墓發掘報告》第 79 頁）

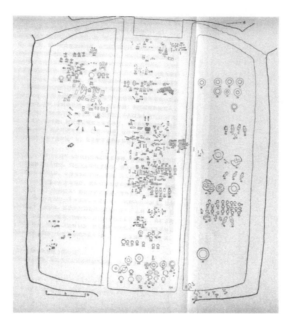

圖 4-a　滿城一號墓中室出圖器物位置圖（採自《滿城漢墓發掘報告》，
　　　　第 27～28 頁）

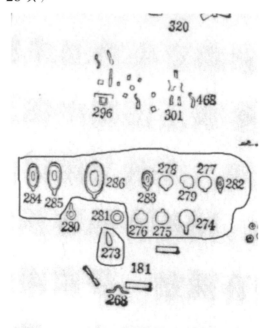

圖 4-b　滿城一號墓中室出圖器物位置圖　（採自《滿城漢墓發掘報告》，
　　　　第 27～28 頁）

　　如此看來，這兩套器物爲同組器物的可能很大。那我們就來看看橢圓套杯的一些細節。最外的兩件橢圓套杯的體形相較略大，爲 9、7.6 釐米高，最大口徑分別爲 25.9、20 釐米，〔註11〕所以也有較大紋飾裝繪空間，爲對角線的十字交叉，一隻鳳鳥回歸環穿其間。（圖 5）當十字交叉紋飾形成之後，難免會給製作者造成閉合、逼仄的心理暗示，再進一步選擇、製作紋飾也必須具有較高的製範水準。而其餘更在裏間的三件杯，體形開始偏小，高度分別 6、3.9、2 釐米，最大口徑爲 18、11.8、8.3 釐米，所以在器上的結構性紋飾選擇了對角勾連紋。但對角勾連並不是四向互相頂聚方式，其中一向是打開的（圖6），這就給繼續施製鳳鳥紋的裝飾性紋飾開放了一定空間，這在桶形套杯上也有類似的情況。可能是因爲桶杯比較狹窄，故統一都採用了開放一向的對角勾連紋。叮以說，工匠能夠根據器形大小選擇不同樣式的紋飾。這些紋飾因爲是一套器物，在風格上面也就不能相差太多。這種情況顯現了他們高超的工藝水平，也在一定程度上反映了他們製器遊刃有餘的心理狀態。這種技藝與心理從五件小巧的橢圓形套杯上細小的地紋上也能看出。橢圓套杯除了通飾主體紋飾外，還有逞技似的設置了纖細雲雷紋襯地。

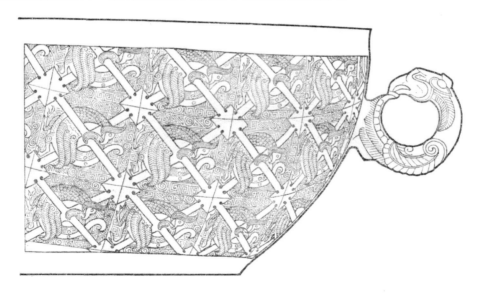

圖 5　橢圓套杯第一種紋飾十字交叉紋線圖（採自《滿城漢墓發掘報告》，
　　　第 61 頁）

〔註11〕中國社會科學院考古研究所、河北省文物管理處：《滿城漢墓發掘報告》（上），
　　　第 60 頁。

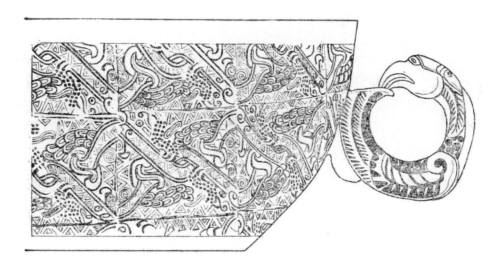

圖 6　橢圓套杯第二種紋飾對角勾連紋線圖（採自《滿城漢墓發掘報告》，
　　　第 61 頁）

必須說明的是，這五件橢圓套杯的口徑與底徑的測量數據有一定浮動，
見下表〔註12〕

表一

器號	口徑（cm）	底徑（cm）	高（cm）	容積（ml）	備註
1：4282	5.2～8.3	2.8～5.6	2.8	65	最內
1：4283	7.3～11.8	3.9～7.3	3.9	195	
1：4284	10.5～18	5.3～11.8	6	600	圖四一，1；圖版二八，3
1：4285	11.6～20	6.7～12.5	7.6	900	
1：4286	18.2～25.9	8.2～16.2	9	1800	最外。圖四一，2、3；圖版二八，2

這種情況估計是為了讓五杯相套之間留有空隙，使單耳形制的橢圓杯更
方便地疊套在一起，可能實際使用中也是如此相套的，儘管不能非常平整的
疊擺在一起。考古發掘簡報稱，「風格相同，大小逐漸遞增，屬於一套」，這
五件杯的形制為直敞口，腹部平直，略帶弧線，平底，保證了能夠套疊成組
的可能。當然在實際展陳中，出於文物安全的考慮，都是將其展開平放的。

〔註12〕引自中國社會科學院考古研究所、河北省文物管理處：《滿城漢墓發掘報告》
　　　（上），第 60 頁。

〔註 13〕外觀輪廓也造成了是橢圓形的基本觀感。不過具體在桶形套杯，杯壁之間的精確度要大幅度提高。遺憾的是，我們暫時無法觀測到套杯的內中情況，但依據該墓同出的一套八件套的銅缽來看，其精微程度超過想像。這套相對普通的素面銅缽，也是爲大小遞增的一套，其口徑在 10.7～12.8 釐米，高度在 2.7～3.4 釐米，也就是說口徑 2.1、高度 0.7 釐米的製作尺度空間要被八件套杯所分享，足見精細至微。（圖 7）從考古線圖來看，幾件銅缽都是非常緊湊地疊放。由此可以想見桶形套杯的內中數杯，其間隔也應是極爲精細，並能夠順利加蓋，合在一起。

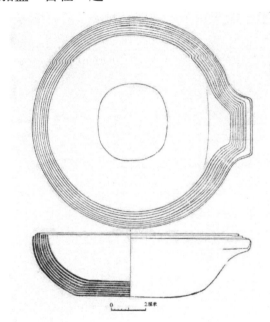

圖 7　套缽線圖（採自《滿城漢墓發掘報告》，第 62 頁）

　　因時間關係，我們暫時無法統計這種器物還有多少，但就中山王劉勝墓所出的這三套不同形式的套器而言，這種疊套的製作銅器的手法應該不是偶然。從其精細程度上，也似乎可以看到它應該有著製作系統與社會需要的。早至西周中期始，以列鬲、列鼎爲代表的列器制度成爲銅器文化中非常穩固的核心內容〔註 14〕，使得人們在使用銅質器具中，逐漸形成了大小相遞的同

〔註13〕河北省博物館編：《河北省博物館文物精品集》19，北京：文物出版社，1999年版，第 19 頁。

〔註14〕梁彥民：《論商周禮制文化中的青銅鬲》，《考古與文物》2009 年第 5 期，第 57～59 頁。

種器形的使用習慣和心理。不過，從西漢前期到西周中期有著相當大的時間跨度，是不是存在這種可能呢？西周完善並成熟的列器制，其來源於商代的「列卣」現象。〔註15〕但二者有著根本區別，列卣只是一大一小兩隻卣，儘管器形比較固定，但並不如列器講究等次相增的標準化。西周列器只是借用了這個形式格套，具體內容通過自我選擇再加以填充。西漢前期出現的這種疊套銅器也是借用了早期的這個形式，其中的內容也經過一定程度的改變。這種改變的動力則是來源於東周時期的豆、敦、簠等器物。這種器物，蓋能夠從銅器上取下，卻置，成為一分為二的兩個相近的器物。〔註16〕筆者認為，豆不如敦器，能夠形成大小同一的兩件盛器，美觀性較差，故此在卻置器物中，銅敦最後佔了上風。不過，從另一器上或內中，再變出一器的造器法則成為了疊套之造的製作內涵。在沿用與變化的過程中，標準件的製作是其技術上的基本保障。我們不太同意在模件化製作銅器中的批量生產或機械複製〔註17〕，至少呈現的頻率或程度沒那麼高，但標準件的製作應該是毋庸置疑的。〔註18〕特別是秦代銅質量衡器的出現，如兩詔橢量等，不僅在器形上面有所要求，更在制度、法令層面要求銅器的容積精準。如表一中五件銅杯的容積，似乎也有特定的要求，這在當時整理者也注意到，只是因為材料有限，現也無法作進一步的認識。漢代大量出現的銅鈁是疊套技術的初嘗試，因為銅鈁器形為方形的面、圓形的轉角，就需要在範鑄中的高明技藝，不致產生嚴重的錯範。

除過技術傳統與保障外，這種疊套銅器的出現還有著更深層的社會需求。列器，或有自銘為旅器，旅為陳列的意思，當幾件銅杯疊套變成一件器物的時候，就真正變成旅行的行器了。之所以以疊套的方式出現，主要是因為西漢，特別是在前期，宴飲成風。筆者檢討過「累茵而坐，列鼎而食」一詞的成因，其「出自《孔子家語・卷二・致思第八》，今本《孔子家語》成書

〔註15〕 張懋鎔等：《關於扶風紅衛村出土「列卣」的思考》，張懋鎔《古文字與青銅器論集》（第三輯），北京：科學出版社，2010 年版，第 175～182 頁。

〔註16〕 參見張翀：《中國古代青銅器整理與研究・青銅豆卷》第六章第三節「青銅豆與青銅敦的關係」，北京：科學出版社，2015 年版，第 85～88 頁。

〔註17〕 〔德〕雷德侯著，張總等譯：《萬物：中國藝術中的模件化和規模化生產》，北京：生活・讀書・新知三聯書店，2005 年版，第 63～62 頁。

〔註18〕 參見韓炳華：《東周青銅器標準化現象研究——以晉與三晉銅器為例》第三章「青銅成列器的系列模式」，山西大學博士論文，2009 年，第 57～86 頁。

於魏晉王肅等人之手，儘管不是僞書，但經歷了一個很長的編纂、改動、增補的過程，其間一定羼雜了兩漢時人語。如『累茵而坐，列鼎而食』就見劉向《說苑》〔註19〕。現在看來，這個成書的過程也恰恰反映了漢人有飲酒的時風。〔註20〕西漢人對酒有特殊的感情，「酒者，天之美祿……百禮之會，非酒不行」〔註21〕，在大型的宴會上能夠擁有如此精細的套杯，的確可以加分不少，稱爲主人炫耀的資本。漢代前期銅器鑄造有少府的考工、供工、右工和尙方等屬官，還有郡、國的工官，以及上苑等離宮的工匠〔註22〕，不同層次的大規模的工匠團隊使得鑄銅技術維持在一定的水平之上，當然是以日常使用爲首要需求的。我們從中山王墓所出的其他帶有銘文的銅器來看，爲中山內府所製，「中山王劉勝有自己的機構造作銅器。」〔註23〕中山王墓還出土有一套三足器、平底皿、承盤、龍柄勺組合形成的複雜精巧的器組，〔註24〕在如此技術自信下，筆者所討論的此種套杯也應該是出自中山王劉勝的設計，交由中山內府製作完成的。類似郡、國或個人製作的銅器，也有許多的特殊形制，其思路多是在有限的空間內達成最有效的功能，如館陶家四聯鼎〔註25〕（圖8），也能體現漢代宴飲盛行的風氣，但精細程度則不如中山王劉勝的套杯。套疊與並列聯器體現了不同的展示方式。後者只是一種形態的展現，而前者將收納與展示容爲一體，這是「套疊」器物有意思之處，更爲有意思的還在於，將其一層層取出和一層層重疊的過程，背後必有人的行爲，致使器物出現帶有時間性和數量、形態的不斷變化，也許這種充滿炫技色彩的趣味性也是貴族們設計使用這類器物的動力之一。〔註26〕

〔註19〕 張翀：《飲食之下的青銅器》，《蘇州文博論叢》總第1輯，北京：文物出版社，2011年，第59～65頁。

〔註20〕 參見王元：《西漢青銅酒器初探》第三章「青銅酒器與西漢社會」，2012屆南京師範大學碩士論文，第36～42頁。

〔註21〕 〔漢〕班固撰、〔唐〕顏師古注、西北大學歷史系點、傅東華校：《漢書‧食貨志下》，北京：中華書局，1962年版，第1182頁。

〔註22〕 陳夢家：《漢代銅器工官》，《陳夢家學術論文集》，北京：中華書局，2016年版，第656～710頁。

〔註23〕 吳小平：《漢代銅容器的考古學研究》，第280頁。

〔註24〕 周筠、范德偉：《也談滿城漢墓出土銅組合器的用途》，《文物春秋》2011年第2期，第50～53頁。

〔註25〕 中國青銅器全集編輯委員會編：《中國青銅器全集‧12‧秦漢》29，北京：文物出版社，1998年版，第31頁。

〔註26〕 本文草成後，曾與鄭以墨女士討論。她對本文結論多有貢獻，謹表謝忱。

圖 8　館陶家四聯鼎（採自《中國青銅器全集・12・秦漢》二九，
北京：文物出版社，1998 年，第 31 頁）

（作者單位：中國社會科學院歷史研究所）

論漢墓內棺蓋上所置玉璧的禮儀功能 [註1]

練春海

摘要：漢代諸侯王墓葬中出土內棺蓋上的玉璧往往是整個墓葬中最好的玉璧（之一），它通常沒有保護屍身不朽這項常見的功能，而以引魂覆魄爲己任，這個功能的實現通常伴隨一定的儀式，因此在墓葬中往往會出現一些具有引導性質的系列或系統圖像。

關鍵詞：漢墓內棺；玉璧；禮儀

　　玉璧在中國古器物發展史上是非常獨特的一個類別，造型非常地穩定。大概從夏代開始，其基本特徵就固定下來了，秦漢時期，玉璧文化的發展逐漸進入鼎盛時期。兩漢時期出土的玉璧，以其數量之多、種類之豐富、選料之精、工藝之純、使用範圍之廣成爲玉璧文化史上的巔峰，這個時期因此也被稱爲玉璧的鼎盛期，或經典時期，[註2] 不論哪一種說法，都表達了同一個意義，漢代玉璧的使用達到了前所未有的高度，而其中最爲精美的或許就是漢代諸侯王墓中那些置於內棺蓋上的一件或數件玉璧。

〔註 1〕　本文是中國藝術研究院課題《中國工藝美術史前沿研究與學術梳理》（批准號 20160228）階段性成果。

〔註 2〕　周南泉：《論中國古代的玉璧——古玉研究二》，《故宮博物院院刊》1991 年第 1 期；殷志強：《說玉道器——玉研究新視野》，南京：南京大學出版社，2011 年版，第 83 頁。

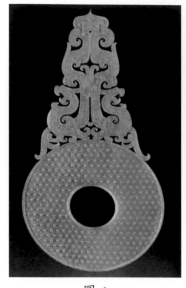 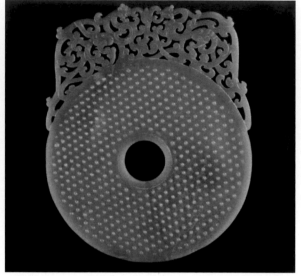

圖 1 　　　　　　　　　　　　　　　　圖 2

一、棺槨間實物形態的玉璧

　　漢代王侯墓葬中，用玉璧殉葬者數量眾多。漢代帝陵尚未發掘，〔註3〕我們無從作更多的瞭解，但是漢代諸侯王墓中所出玉璧卻是很豐富的，以下僅列舉部分出土不少於 10 件玉璧的墓葬：

　　1. 西漢徐州獅子山楚王墓，出土玉璧共計 24 件，其中和田白玉製成者 17 件，有些上面還有刻文符號；青玉璧 7 件，〔註4〕比較遺憾的是，這些玉璧的原始置放位置信息不詳。

　　2. 河北滿城一、二號漢墓（西漢中山靖王劉勝與其妻竇綰墓）。一號墓出土玉璧 25 件，其中有一件爲外出廓璧，極爲珍貴，該璧通長 25.9、璧外徑 13.4、內徑 4.2、厚 0.6 釐米，璧上端有透雕雙龍卷雲紋，造型別致（圖 1），出土時隨葬在棺槨之間。二號墓共出土玉璧 18 件，有青玉、碧玉兩種，均出土於玉衣之內。〔註5〕

〔註3〕　從江西南昌劉賀墓出土內棺的照片可見到至少有四枚玉璧，目前發掘報告尚未發表，但從已有信息來推斷，劉賀墓出土最多的是各類金器，而不是玉器，這一點反映了墓葬的規模尚未達到帝王級別，墓葬遵從的是列侯的規制。

〔註4〕　獅子山楚王陵考古發掘隊：《徐州獅子山西漢楚王陵發掘簡報》，《文物》1998年第 8 期，第 4～33 頁及彩頁。

〔註5〕　中國社會科學院考古研究所、河北省文物管理處：《滿城漢墓發掘報告》（上），北京：文物出版社，1980 年版，第 133、293 頁。

3. 山東巨野紅土山西漢墓是昌邑哀王劉髆的墓葬，於後室木棺內共出土玉璧 28 件，其中屍體下置 10 件，屍體上置 17 件，棺蓋上置 1 件，共分為三類，尺寸不一。〔註6〕

4. 湖南長沙咸家湖曹嬛墓出土玉璧 12 件，其中 2 件於棺內東端緊貼棺壁豎置，另外 10 件散佈於墓主人頭部附件。〔註7〕

5. 廣州南越王趙眜墓出土了大量的玉璧，它們主要放置於主室。主棺室共出土玉璧 47 件。其中玉衣頭頂上罩蓋 1 件。壓在玉衣上有 10 件，墊在玉衣下面有 5 件。放在玉衣內共 14 件（頭部 2 件，夾於兩耳間，胸腹間 4 件，其餘 8 件分別列於兩側），玉衣鞋下放 1 件。內棺右側的前、中後各一件，另外棺槨頭箱中盛珍珠的漆盒上放 7 件。足箱陶璧下面還有 2 件。棺蓋上有 4 件，分置於槨頂的四角。槨頂與頭箱中有五件玉璧的造型要比其他玉璧更為複雜，璧面紋飾分為三區。〔註8〕

6. 河南永城芒碭山僖山一號墓（西漢梁國晚期夷王劉遂墓），出土各種紋飾、顏色、質地的玉璧 70 多件。出土時大量精緻的玉璧置於棺槨之上。〔註9〕

7. 河北定縣北莊漢墓（中山簡王劉焉墓）出土玉璧 23 件。其中有一件出廓璧，造型非常罕見（圖 2），但由於墓葬經受盜擾，該璧原來的位置不詳。〔註10〕

以上例子尚不包括（1）殉葬玉璧不止 10 件，但因破碎過甚而無法統計者；（2）陶璧和石璧。這兩類其實也應該看成玉璧（或者它的替代品）；（3）圖像化的玉璧。〔註11〕如此眾多的玉璧，很少隨意放置。從前文列舉

〔註6〕 山東省菏澤地區漢墓發掘小組：《巨野紅土山西漢墓》，《考古學報》1983 年第4 期，第 471～499 頁。

〔註7〕 長沙市文化局文物組：《長沙咸家湖西漢曹嬛墓》，《文物》1979 年第 3 期，第1～16 頁。陳斯文、劉雲輝：《略論漢墓出土玉璧及其蘊含的喪葬觀念》，《文博》2012 年第 2 期，第 10～16 頁。

〔註8〕 廣州文物管理委員會、中國社會科學院考古研究所、廣東省博物館：《西漢南越王墓》（上），北京：文物出版社，1991 年版，第 179 頁。

〔註9〕 河南省商丘市文物管理委員會、河南省文物考古研究所、河南省永城市文物管理委員會、閻根齊主編：《芒碭山西漢梁王墓地》，北京：文物出版社，2001年版，第 308 頁。

〔註10〕 河北省文化局文物工作隊：《河北定縣北莊漢墓發掘報告》，《考古學報》1964年第 2 期，第 127～194 頁以及圖版壹一壹拾貳。

〔註11〕 練春海：《器物圖像與漢代信仰》，北京：生活・讀書・新知三聯書店，2014

的情況來看，他們大多數都被放置在主棺室，甚至就放於棺內。放置玉璧的地方，或者是屍體周圍（身體兩側、背部、胸腹部、頭部或腳底），或者是內棺與外棺（槨）之間，可見它們在墓葬及與其相關的禮儀活動中具有重要的作用。在這些玉璧中，其中內棺蓋上所置放的往往是整個墓葬中品質最好的一塊或數塊玉璧。這些玉璧原則上不與屍身接觸，因此談不上「使屍體保存其精氣、不受邪氣侵犯」的功能。巫鴻說，「把這些璧（案：棺內之璧）放在當時的宗教思想和禮儀環境中去理解，我提出玉璧中心的圓孔使這種古代禮器在戰國和漢代的墓葬中具有了『靈魂通道』的意義」。〔註12〕其解讀很有啓發性，但也還有可以商榷的餘地。比如，我們無法保證所有漢墓中出土的玉璧都具有這種功能。且不說整個墓葬，——玉璧在墓葬中所處位置不同，功能也不同。就拿那些置於內棺的玉璧來說，其功能也不盡相同。玉璧所具有的「靈魂通道」功能，淵源久遠，似乎可以追溯到仰韶文化早期的甕棺（圖3），那些用來進行甕棺葬的盆與缽上都鑿有小孔。但這種現象在仰韶文化中期以後逐漸消失，因此，在甕棺與戰國以來墓葬中發現的棺槨或玉璧的「靈魂通道」之間有太多的空白，資料闕如，我們也無法循著這條線索來探討玉璧功能的發展與演變。但就南越王趙眜墓而言，這座墓中光在玉衣內就發現了玉璧14件，這些玉璧貼著屍身放置，所承擔的功能只是保持屍身不朽，因為玉衣穿戴完成之後，除了一些不可避免的縫隙之外，只有頭套頂部玉璧的孔洞是功能性預留的。〔註13〕可見，並不是所有玉璧都承擔「靈魂通道」之功能。而內棺蓋上的玉璧，作為墓葬中最重要的殉葬品，其意義必定十分重大。

年版，第 168～169 頁。

〔註12〕 巫鴻：《馬王堆一號漢墓中的龍、璧圖像》，《文物》2015 年第 1 期，第 54～61 頁。

〔註13〕 李銀德指出，復原玉衣上下衣之間通常都有 5 釐米左右的間隙。「玉衣上下衣脫節，是玉衣形制本身造成的。其根本原因爲深衣與玉衣間的矛盾，遂形成玉襦（上衣）和玉匣（下衣）的脫節。」李銀德：《西漢玉衣葬式和形制的檢討》，楊伯達主編：《中國玉文化玉學論叢四編》（下）（北京：紫禁城出版社，2007 年版）第 752～763 頁。

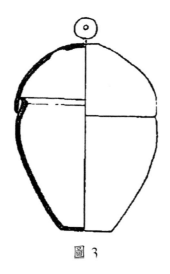

圖 3

二、棺蓋上圖像中的玉璧

　　要弄清棺蓋上所置玉璧如何起作用，大概只能通過兩種渠道：（一）是文獻，（二）是有關圖像。尤其是內棺上方遺留物中的圖像。很顯然，無論是出土的還是傳世的文獻都找不到直接相關的文字，但在相關圖像方面卻有一些線索。如對比馬王堆漢墓和劉勝墓，我們會發現，這兩座墓內棺蓋板上所出土實物雖少卻精，前者為一幅帛畫和漆璧，後者為玉璧和玉人（案：玉人可對應於帛畫中的相應人物），可見這些帛畫與玉璧之間存在一定的關聯，當然棺蓋上方所能見到圖像遺留還包括墓室的天頂畫，對這些關聯圖像的解讀或許有助於揭示玉璧的功能。

　　馬王堆一號漢墓出土的 T 形帛畫是漢代保存最好，出土時具有明確放置方位的帛畫作品，也是古代帛畫中最為精彩的傑作（圖4）。「T形帛畫」是發掘者根據帛畫的外形所取的一個名稱，但它們本來的名稱是什麼，非衣、畫荒、畫幡、銘旌……，眾說紛紜，卻莫衷一是。相比較而言，似以馬怡的「旐」說較為可信。〔註14〕因為名稱不確定，因此功能也就說不清了。過去對於「T

〔註14〕馬王堆帛畫名稱，「非衣說」出處：《座談長沙馬王堆一號漢墓》，《文物》1972年第9期，第52～54頁；「畫荒說」：陳直《長沙馬王堆一號漢墓的話若干問題考述》，《文物》1972年第9期，第30～35頁；「畫幡說」：孫作雲《長沙馬王堆一號漢墓出土畫幡考釋》，《考古》1973年第1期，第54～61頁；「銘旌說」：《座談長沙馬王堆一號漢墓》；安志敏：《長沙新發現的西漢帛畫試探》，《考古》1973年第1期，第43～53頁；馬雍：《論長沙馬王堆一號漢墓出土帛畫的名稱和作用》，《考古》1973年第2期，第118～125頁。馬怡指出：「馬

形帛畫」功能主要有如下幾種推測：1.用於引魂昇天，〔註15〕2.用於安魂，〔註16〕3.用於引導棺柩等。馬怡指出，旐的功能是「在送時啓引棺柩，下葬時隨棺柩入壙」。〔註17〕這也是筆者比較認同的觀點。這個觀點在文獻上的證據可以追溯到東晉。《太平御覽・禮儀部》：「《禮論》曰：問下殤葬有旐否？徐邈答曰：旐以題柩耳，無不旐。」〔註18〕從 T 形帛畫的形制來看，它無疑是可供懸掛之物，即馬怡所謂「在一定尺寸和顏色的織物上，書寫下『某氏某之柩』，用竹槓懸起，以爲主神明之旐。」〔註19〕而旐的形制決定它可能有圖案。《後漢書・志》明確記載漢天子所用之旐是有圖像的：「旐之制，長三仞，十有二遊，曳地，畫日、月、升龍，書旐曰『天子之柩』。」〔註20〕

　　帛畫功能「引魂昇天說」的矛盾在於，天在漢代並不是一個「理想之境」。不僅《楚辭・招魂》中有這樣的描述：「魂兮歸來，君無上天些，虎豹九關，啄害下人些。一夫九首，拔木九千些。豹狼從目，往來侁侁些，懸人以娭，投之深淵些，致命於帝，然後得瞑些，歸來歸來，往恐危身些。」〔註21〕這樣的話語並非完全出於招魂的目的而進行「恐嚇」，〔註22〕甚至到東漢時期的墓葬中，我們還會發現有如下銘文的墓磚出土：「歎曰，死者魂歸棺槨，無妄

雍認爲馬王堆一號漢墓帛畫的名稱是『銘旌』，並說『銘旌的名稱很多，或謂之銘，或謂之明旌，或謂之旐，或謂之丹旐，或謂之柩。』這種將銘與旐、銘與銘旌、旐與銘旌全部混一的說法有未安之處。」馬怡：《武威漢墓之旐——墓葬幡物的名稱、特徵與沿革》，《中國史研究》2011 年第 4 期，第 61～82 頁。

〔註15〕商志䣍：《馬王堆一號漢墓「非衣」試釋》，《文物》1972 年第 9 期，第 43～47 頁；孫作云：《長沙馬王堆一號漢墓出土畫幡考釋》，《考古》1973 年第 1 期，第 54～61 頁；劉敦厚：《馬王堆西漢帛畫中的若干神話問題》，《文史哲》1978 年第 4 期，第 63～74 頁。

〔註16〕游振群：《T 形帛畫與魂魄之說》，《中國漢畫學會第十屆年會論文集》（武漢：湖北人民出版社，2006 年版），第 61～64 頁。

〔註17〕馬怡：《武威漢墓之旐——墓葬幡物的名稱、特徵與沿革》。

〔註18〕《禮儀部三一・旐》。〔宋〕李昉等撰：《太平御覽》卷五五二，北京：中華書局，1960 年版，第 552.6a（2499）頁。

〔註19〕馬怡：《武威漢墓之旐——墓葬幡物的名稱、特徵與沿革》。

〔註20〕《禮儀下・大喪》。〔晉〕司馬彪撰，〔梁〕劉昭注補：《後漢書志》第六，北京：中華書局，1965 年版，第 3144～3145 頁。

〔註21〕《楚辭》卷六《招魂》。〔清〕蔣驥撰：《山帶閣注楚辭》，上海：上海古籍出版社，1958 年版，第 161 頁。

〔註22〕王煜：《也論馬王堆漢墓帛畫——以閶闔（璧門）、天門、崑崙爲中心》，《江漢考古》2015 年第 3 期，第 91～99 頁。

飛揚，行無憂，萬歲之後乃復會。」〔註 23〕而「安魂說」的問題則是沒有說明帛畫上精心描繪的圖像的意義，但圖像的意義卻是理解 T 形帛畫所起作用的關鍵，因此對帛畫的再讀非常有必要。

圖 4

馬王堆漢墓群一共出土此類帛畫兩幅，形制相近。就內容而言，學者們通常都把它劃分為幾個部分，大致合理，但是否為「天上、地上、人間」〔註24〕或「天國、蓬萊仙島」〔註25〕卻值得商榷。因為這些釋讀都把帛畫的整體

〔註 23〕 遼寧省博物館文物隊：《遼寧蓋縣九壠地發現東漢紀年磚墓》，《文物》1977年第 9 期，第 93 頁。

〔註 24〕 湖南省博物館、中國科學院考古研究所、文物編輯委員會員：《長沙馬王堆一號漢墓發掘簡報》，北京：文物出版社，1972 年版，第 6～7 頁。

〔註 25〕 商志醰：《馬王堆一號漢墓「非衣」試釋》。

當成一個線性的連續圖案來對待。如此一來，我們就不能夠解釋爲什麼要設計成「T」形了。現有的解釋認爲，它的名字叫「非衣」，並進一步提出「非衣」就是「飛衣」，因此這個造型是由「功能所需要的飛昇所決定的，剪裁成T形，有平穩飄然的樣態。」〔註26〕但是這個解釋並沒說服力。

拙見以爲，T形帛畫的設計特點表明了其畫面內容實際上可以分成兩個性質不同的組成部分。帛畫的「━」部分，以司闇爲界，安排的都是具有永恆性質的形象，如日、月、建木之屬，表達了「穹宇」的概念，這種手法與東漢時期盛行的洞室墓中的穹頂天象圖原理是一致的，作用在於建立一個宇宙秩序。已有出土的楚漢帛畫中，具有「銘旌」或「旐」性質的只有7幅，其中畫面可辨識者6幅，而年代在新莽以前的就有5幅，T形帛畫在製作時間上大概是最晚的。〔註27〕其獨特造型不免讓我們聯繫到同時期（漢代中期前後）中國古代墓葬形制正由豎穴墓向洞室墓轉變的大背景。這個轉變，最終在使得墓室中出現了眞正意義上的「空間」，在這個空間的頂部，就是「天」的場所。漢代壁畫墓、畫像磚墓、畫像石墓中的頂部無一例外地都有這類建構「天」之意義的圖像及組合，源頭大概就在T形帛畫中，它們的存在不是爲了讓墓主（或死者的靈魂）進入其中。〔註28〕而只是爲了標識一種秩序。

帛畫的「｜」部分是一系列儀軌或者動作規範，充滿了向上升騰的動感。儘管巫鴻認爲此處雙龍與玉璧之間處於一種「鎖定模式」，因此騰飛的雙龍應該看成「靜態」造型，〔註29〕但巫氏的觀點完全從邏輯分析中來，無視圖像的藝術表現層面，似有不妥。雙龍即便與玉璧「鎖」在一起，也並非沒有以組合形式整體飛昇的可能。再者，從儀式的角度來看，「穿（過）」這個簡單

〔註26〕 陳建明主編：《湖南出土帛畫研究》，長沙：嶽麓書社，2013年版，第40頁。

〔註27〕 有關數據來自劉曉路：《中國帛畫》，北京：中國書店，1994年版，第41～58、143頁。

〔註28〕 魯唯一和姜生都認爲它是到達天界的墓主靈魂。姜生認爲她「受道書、飲丹水後已昇天，與日同輝，返老還童，變爲人身蛇尾的曼妙女子。」但馬王堆一號墓出土的T形帛畫上有這樣的形象，而二號墓則沒有，可見她不是一個「必須的形象」，而是爲建立秩序而選擇的一些符號，但正如我們用數字「一～五」來表示順序等級一樣，沒有「一」，「二～五」也同樣實現同樣的目的。」Michael Loewe, *Ways to Paradise: The Chinese Quest for Immortality*, London: George Allen & Unwin, 1979, p.59. 姜生：《漢帝國的遺產：漢鬼考》，北京：科學出版社，2016年版，第377頁。

〔註29〕 巫鴻：《馬王堆一號漢墓中的龍、璧圖像》，《文物》2015年第1期，第54～61頁。

的動作被賦予一些表演的色彩亦無不可，則圖像本身也多了一層趣味。安葬時間稍晚一些的洛陽金谷園壁畫墓可資比較，該墓後室頂部的壁畫比較特別，可視爲 T 形帛畫的壁畫翻版，是它在墓室頂部的投射。這些壁畫由南至北分爲四個單元（從南向北編號 1～4），其中編號 1、4 兩幅表現了日孕金烏和月亮圖像；編號 2 畫面中共繪玉璧四件，二龍穿過其中三件玉璧，龍首相對，張口銜持第四璧；編號 3 與編號 2 的場景相同，但內容較之複雜許多，四件玉璧中我們不僅可以看到四神形象，同時還有一人馭龍穿梭其間（圖 5）。〔註 30〕從大量東漢畫像磚、畫像石的圖像上也可以看出，雙龍（或龍虎）拉拽著玉璧所繫的絲帶，或巫鴻所謂的「鎖定模式」隨處可見，二者實際上沒有本質的區別，可見玉璧之「鎖定」並非個別現象，而「馭龍昇天」主題卻是一個從戰國伊始就常常出現在墓葬中的圖像主題。

圖 5

〔註 30〕洛陽市文物管理局、洛陽古代藝術博物館：《洛陽古代墓葬壁畫》，鄭州：中州古籍出版社，2010 年版，第 150 頁。

　　整幅 T 形帛畫自下而上來看，其實就是從一個歷時形態向共時形態轉化的過程，這個轉化的關鍵節點就是玉璧，但在視覺上，畫面的中心又是玉璧上方的墓主人圖像，後一個中心其實包含於前一個節點中，除此之外，還有一個細節也值得關注，它就是人物之上，正面朝外飛翔的神鳥鴟鵯。

　　馬王堆出土的兩件帛畫中，鴟鵯形象都很特別，爲一個長著四翼的正面形象。這個形象出自《山海經・西次三經》：「三危之山，有鳥焉，一首而三身，其狀如鶒，其名曰鵯。」〔註31〕，清人汪紱爲其所作插圖爲一首、三身、四翼的形象（圖 6），但在畫面效果上，顯得有點怪異，另有日本學人畫的插圖，爲一首、一身、四翅的側面形象（圖 7），手法近馬王堆帛畫中的鴟鵯。總而言之，鴟鵯的兩對翅膀（即四翼）一直爲學者所忽略。以往有研究者說它是飛廉、玄鳥等都不正確，筆者雖一開始就斷定它爲鴟鵯，但也沒有注意到四翼的問題。〔註32〕此外，鴟鵯的朝向問題也值得關注。從帛畫出土的原始狀態來看，它「正面朝下覆蓋在棺上」，結合前文所述，帛畫的放置方式指示了一個朝向墓主屍身的方向。在近距離考察中，李零注意到，三號墓出土帛畫中鴟鵯與華蓋之間「有一條連通的直線，摹本斷開。」（圖 8）〔註33〕這表明，此處出現的鴟鵯形象不一定是自然界中或信仰觀念中的對象，而是「相風鳥」一般的事物，其承載觀念的功能遠遠讓位於指示功能。

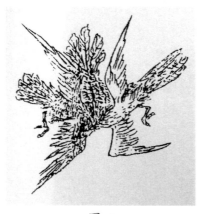

圖 6

圖 7

〔註31〕馬昌儀：《古本山海經圖說》，臺北：蓋亞文化有限公司，2016 年版，第 233 頁。
〔註32〕練春海：《漢代藝術與信仰中的天梯》，《民族藝術》2009 年第 4 期，第 43～54 頁。
〔註33〕李零：《中國古代的墓主畫像——考古藝術史筆記》，《中國歷史文物》2009 年第 2 期，第 12～20 頁。

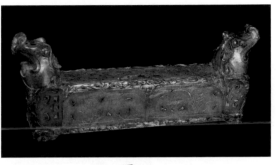

圖 8　　　　　　　　　　　　　圖 9

　　在這兩幅帛畫中，人物是觀者注意力的中心，而玉璧則是畫面構圖的中心，這兩個中心通過一個兩頭起翹、邊飾雲雷紋或穿璧紋的平臺聯接，對於這一部分細節，迄今為止還沒有比較深入的研究。巫鴻曾推測它可能是楚墓墊屍用的笭床，〔註34〕菅谷文則、王孝廉等說它表示地面。〔註35〕姜生認為它是崑崙的懸圃臺。〔註36〕實際上，這個結構或許該稱「神臺」或「臺」，實物原型為「甘泉宮通天台」。後者據《漢書‧武帝紀》載，起於武帝元封二年（公元前 109 年）冬十月。〔註37〕漢代墓葬中，考古發掘所得，如後樓山漢墓、滿城一號漢墓和二號漢墓、大堡臺一號漢墓等墓葬中出土的玉枕都是具有神臺功能的實物（圖 9），〔註38〕它們在造型上與帛畫中的神臺頗為相似，

〔註34〕　筆者以為笭床與神臺造型之間的關係，應該與巫鴻所說相反，笭床乃是對神臺的模倣。巫鴻：《馬王堆一號漢墓中的龍、璧圖像》。
〔註35〕　〔日〕菅谷文則：《馬王堆出土非衣的考察》，《漢代考古與漢文化國際學術研討會論文集》（下），濟南：齊魯書社，2006 年版，第 325～328 頁。王孝廉：《中國的神話世界》，北京：作家出版社，1991 年版，第 151 頁。
〔註36〕　姜生：《漢帝國的遺產：漢鬼考》，第 323 頁。
〔註37〕　〔漢〕班固撰，〔唐〕顏師古注：《漢書‧武帝紀》，北京：中華書局，1962 年版，第 193 頁。《漢書‧禮樂志‧日出入九》中提到「玉臺」：「天馬徠，龍之媒，遊閶闔，觀玉臺。」但這個玉臺指「上帝之所居」。見《漢書》卷二十二，第 1061 頁。
〔註38〕　有關的匯總與研究情況參見王永波、劉曉燕：《漢代王侯的陵寢用枕》，《東南文化》1998 年第 4 期，第 99～105 頁。

中部為一個平臺，兩端獸首上揚。其實在更早的楚系帛畫中，就可以見到它們的影子，如「人物御龍帛畫」中的「龍舟」（圖 10），甚至在漢代畫像磚中模印神樹的頂上也發現了類似的神臺（圖 11），更不用說頻繁出現在畫像石、畫像磚上的西王母所在的崑崙神境了。作為入葬時引導柩車的旐，其上面的神臺或許可以看成死者之魂離開肉身之後的暫時棲身之所。在抵達墓葬後，魂將在儀式的引導下進入墓主的屍身。神臺在某種意義上是玉璧功能的形象化表現，神臺下斜板的作用則是將這種比擬性的圖像衍生與本體聯結在一起，〔註 39〕構成不可分割的一個畫面中心，這個中心同時還是觀者注意力發生轉折的中心，觀者注意力移動的軌跡，與死者靈魂的運動路徑一樣，到達此處後，將會隨著華蓋下的鴟鴉形象轉向正前方，（當帛畫覆蓋在內棺蓋上時）它也就指向了死者的屍身。

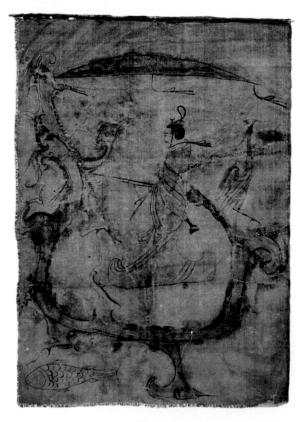

圖 10

〔註39〕 關於斜板，林巳奈夫稱之為「磚鋪的通道」，釋讀太過隨意。林巳奈夫著，楊美莉譯：《中國古玉研究》，臺北：藝術圖書公司，1977 年版，第 117 頁。

圖 11

　　除了馬王堆漢墓外，還有一些同期的漢墓也發現了具有相同性質的帛畫。如 1997 年，在臨沂金雀山民安工地 4 號漢墓（年代約在武帝時期前後）中也發現了覆於棺蓋上的帛畫（圖 12）。〔註40〕從發掘報告中的線繪圖來看，近帛畫底部有一玉璧，可見其功能與馬王堆 T 形帛畫相近，不同的是，其圖像布局中有所不同，圖像邏輯與嚴謹程度不如後者。前文提到的湖南長沙咸家湖曹㜏墓，在「（內棺）蓋頂發現有一層極薄的白色腐爛物，疑為帛畫之類的殘跡。」〔註41〕疑似也有同樣的功能。

〔註40〕　金雀山考古發掘隊：《臨沂金雀山 1997 年發現的四座西漢墓》，《文物》1998年第 12 期，第 17～25 頁。
〔註41〕　長沙市文化局文物組：《長沙咸家湖西漢曹㜏墓》，《文物》1979 年第 3 期，第1～16 頁。

圖 12

三、與棺蓋上玉璧相關的禮儀

在馬王堆漢墓內棺蓋板上存在著兩種形態的玉璧，一是實物形態的漆質仿造玉璧，〔註42〕一是圖式形態的玉璧（作爲帛畫的組成部分存在）。馬王堆一號漢墓內棺分爲四重，每重之間都是經過精心設計，可以說預留的縫隙非常小，在這樣狹小的空間中能夠放置的實物實際上非常有限，從發掘報告可以看到，它其實除了漆璧、帛畫之外，就是一些桃人而已，這幾件物品共享一個相同的空間，與墓葬發生聯繫的時間也是一致的（都是在內棺蓋板蓋上後放入），因此有相似的屬性。前面我們已經分別探討過它們所具有的禮儀功能，接下來我們要討論二者的這種功能的實現方式，以及它們之間可能出現的聯接，其中的關鍵就在於儀式的施行。

〔註42〕以漆璧代玉璧，既有漆器在當時極其貴重之故，也有墓主身份不宜使用玉璧之故。

　　首先，帛畫在墓葬語境中的功能其實相當於玉璧的使用說明書。實際上，漢代有很多圖像都反映出此種特質，如半開門圖像（位於石棺頭端和側面的半天門圖像）、屏風（如馬王堆一號漢墓頭箱出土的屏風）、壁畫（如洛陽金谷園壁畫墓）、天門（如巫山「天門」銅牌飾）和穿璧紋樣等。限於篇幅，此處不展開論述。王小盾在談及「宗廟壁畫」時，認為它們是「配合在宗廟中舉行的各種各樣的儀式活動」，〔註43〕這個觀點在墓葬中也同樣成立，墓葬中的帛畫、壁畫也有同樣的功能。這些說明性質的圖式，配合著儀式來指引死者的靈魂進行活動（在某種意義上它們同時也有記錄的意味），《儀禮》載銘旌的用途是：「以死者為不可別，故以其旗識之。」〔註44〕人死後，一片茫然，不知所措，所以懸掛起來的銘旌上所書寫的死者名字，引導柩棺的帛畫以及棺蓋上死者的形象（無論是圖式的半面形象還是玉質的三維形象）就成了死者之魂追逐的對象，當然還有舉行儀式所造成的引導、介入和規範。可見這類「說明書」的存在意義重大。

　　但帛畫的功能又不止於此。作為喪葬過程中引導柩棺的旌，它有兩個功能，一是讓死者之魂棲身於其上，二是把附在引魂「銘旌」或「旌」上的魂導入死者之屍身，這兩項功能前後銜接。銜接的時間點就在於棺柩運抵墓室後，窆棺之時。〔註45〕這也是帛畫相對獨立於墓葬的一面：在進入墓葬之前，它獨立地發生作用。在整個祭祀過程中，死者的魂都被暫時地安置於旌中，即帛畫中的玉璧或者神臺上。直到帛畫在墓葬中被正面朝下覆蓋於內棺蓋之上，此時進入了第二個階段，正如巫鴻所說，「當這幅畫被埋入墓中的時候，它的禮儀功能發生了重要的變化：它現在成為墓葬的一個有機構成部分，通過其特殊的位置和放置方法與墓葬的其他部分發生關係。其結果是構成了這幅畫的新的閱讀語境和變化了象徵意義。」〔註46〕帛畫成了說明書，死者的靈魂順著鴟鴞的指引（這個選項不是必須的，因為即使沒有鴟鴞圖像，施行

〔註43〕 王小盾：《經典之前的中國智慧》，北京：北京大學出版社，2016 年版，第 41 頁。

〔註44〕 《儀禮注疏卷》三十五。〔清〕阮元校刻：《十三經注疏附校勘記》，中華書局影印本，1980 年版，第 35.186b（1130a）頁。

〔註45〕 劉尊志認為：「若使用多重棺，除內棺外，其餘都有可能會在墓內加工而成。」馬王堆帛畫墓中的四重棺不一定是在墓地或附近製作成的，但有可能是在墓內組合而成的。劉尊志：《西漢諸侯王墓棺槨及置槨窆棺工具淺論》，《考古與文物》2012 年第 2 期，第 65～72 頁。

〔註46〕 巫鴻：《馬王堆一號漢墓中的龍、璧圖像》。

儀式者也同樣有其他方式進行指引，正如沒有說明書，電器也可以使用一樣），死者的靈魂被導向內棺蓋上的玉璧，然後進入屍身，而不像巫鴻所說的那樣，因爲「導向畫中的死者肖像」沒有意義。這一系列動作完成之後，帛畫的實用價值其實消失了，這個現象表明帛畫中玉璧所具的功能是「單向性」的。對於寄存在屍體中的魂魄而言，它與外界溝通有兩個渠道。一是內棺蓋板上的玉璧（含帛畫中的玉璧和實物玉璧或仿璧），二是玉衣頭套頂部的玉璧。前者雖可謂之「璧門」，但它是一種具有轉化性質和功能的平臺，具有「單向通行」的特點，是指向墓主屍身的單向通道，故不可視爲「始昇天之門」的閶闔。〔註 47〕下葬後，實際上只有後者才是通道、過道或走廊，靈魂可以來回穿梭其中，這也是爲什麼這種類型的通道圖像化往往表現爲半開門之故。半開門既可以理解成打開一扇門（對應於「出」），也可以理解成關上一扇門（對應於「入」）。〔註 48〕帛畫玉璧大概可以視爲戰國以來玉璧使用文化中發生的一個變化，成爲一個轉化的平臺。

關於此類玉璧的儀式罕見相關討論。巫氏的另一篇文章，《不可見的微型：中國藝術與建築中的靈魂建構》中，他通過把英國著名童話《艾麗絲夢遊仙境》與《枕中記》中主人公的經歷作了對比，指出「要想如此（案：即進入枕中），他必須先把體量變成跟這個微小的侍者（既枕中之人）一樣大小，《艾麗絲夢遊仙境》的作者非常詳細地告訴讀者，艾麗絲之所以能通過那個枕頭的小門（洞），是因爲她喝了一種有『櫻桃撻、蛋奶糊、菠蘿、烤火雞、太妃糖和熱黃油吐司』混合味道的神秘飲料之後，個子變到只有 10 英寸高，而《枕中記》並沒有提示這樣的一個過程，作者似乎認爲沒有必要去解釋書生是如何通過小孔進入枕頭的微型世界的。」〔註 49〕在巫鴻看來，這樣的一個敘述跳躍並不會影響中國讀者的理解，因爲他們知道進入枕中的不是書生

〔註 47〕 王煜據《三輔黃圖・漢宮》載：「宮之正門曰閶闔，高二十五丈，亦曰璧門」，認爲漢武帝有意將建章宮視爲「始昇天之門」。王煜：《也論馬王堆漢墓帛畫——以閶闔（璧門）、天門、崑崙爲中心》。

〔註 48〕 半開門圖像實際上有當時現實的依據，漢代的門中有闑這個結構，門以此爲界，一分爲二，「闑」既作門擋，配合門栓使用，同時也是禮儀的分界，出入門區一般人不可逾闑而行，拜訪長者更是只能從右側進入。詳見練春海：《漢代車馬形象研究：以御禮爲中心》，桂林：廣西師範大學出版社，2012 年版，第 200 頁。

〔註 49〕 Wu Hung, *On Chinese Art: Case and Concepts (Volume 1: Methodological Rlections)*, Chicago: Art Media Resources, Inc., 2016, p.12.

的肉身，而是他的靈魂。顯然，他認為靈魂形態的書生如何通過微孔（進入枕中）這個問題在中國的文化生態中是一個默認可以不必討論（或可以忽略）的部分，但是事實果真如此嗎？拙見以為不然，對於國人而言，靈魂如何縮放或許無需討論，但是對於靈魂如何識途，如何順利找到方向，以及一些有關的儀式性行為都有深入認識的必要：

首先是作為前提的清場。這是棺槨進入墓室之前，必須要做的一項工作，即對墓內可能存在的魑魅魍魎進行清除：《周禮·大喪》：「大喪，先柩，及墓，入壙，以戈擊四隅，毆方良。」〔註50〕下葬前，一般墓內都會進行一些由方相氏主導的攘除儀式。但這個只能說是與玉璧使用間接相關的儀式。得益於馬王堆一號漢墓的保存條件，馬王堆一號漢墓中棺槨間出土的一些辟邪木俑很能說明問題。從發掘報告來看，有「絲麻衣小木俑三件，放置在錦飾內棺與朱地彩繪棺的隙中，東、西、南三隙縫各放一個。製作簡陋，均以長 11～12 釐米、寬 2.5 釐米、厚 1 釐米的木片稍加砍削，頭部用墨和朱繪出眉目」而已。另有「桃木小俑三十三件，全部放在內棺蓋板上的帛畫右下方。高 8～12 釐米。其中一組二十二件，以麻繩編結，另十一件零放。此種小俑係以一小段桃樹枝劈成兩半，一端削成三棱形，中間的脊作鼻，兩側用墨點出眉眼，其餘部分未事砍削。有少數甚至將現成的桃樹枝充數。」（圖13）〔註51〕製作極其簡陋。錦飾內棺與朱地彩繪棺之間出土的對象極少，因此能夠放置在此處的東西都有特別的意義。對於它們的作用，張明華認為其「意在驅鬼避邪，保祐墓主安居泉下，不為惡鬼所害。」〔註52〕它應該是幾層套棺之間唯一具有辟除邪氣，護祐魂靈能順利返回屍身，且不受干擾等功能的實物，即保障玉璧功能的正常發揮。清場不是專門針對內棺蓋上玉璧的禮儀行為，但又是必不可少的一項工作，因此可以視為它的準備動作。

〔註50〕 《周禮·夏官·方相氏》。《周禮注疏》卷三十一，〔清〕阮元校刻：《十三經注疏附校勘記》，中華書局影印本，1980 年版，第 31.213a（851b）頁。

〔註51〕 湖南省博物館、中國科學院考古研究所編：《長沙馬王堆一號漢墓》（上），北京：文物出版社，1973 年版，第 100～101 頁。

〔註52〕 張明華：《長沙馬王堆漢墓桃人考》，《文史》第七輯，北京：中華書局，1979年版，第 96 頁。

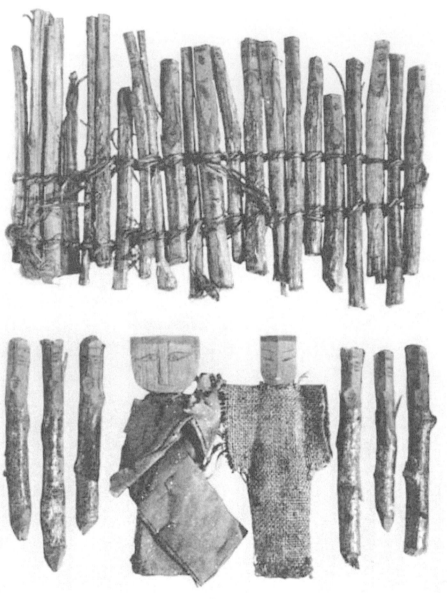

圖 13

其次，基本儀式或為璧孔塗朱砂。在洛陽金谷園壁畫墓後室墓頂編號 2
單元圖像中，我們可以看到雙龍所拱的玉璧孔中塗朱，這種塗朱理論上對應
的應該是塗朱砂，林巳奈夫認為這表示孔洞中充滿著「氣」。〔註53〕筆者以為

<hr />

〔註53〕〔日〕林巳奈夫著，楊美莉譯：《中國古玉研究》，臺北：藝術圖書公司，1977
　　　　年版，第 216 頁。

它可能並不表示「氣」，而表示死者魂靈所要經過的「天門」，或者是對死者所要經過的「通道」進行特殊儀式的痕跡。塗朱的儀式由來久遠，從山頂洞時期就開始了，石珠、獸齒、骨墜、龜甲、玉器都有，「隨葬物塗朱是常見的。」〔註 54〕在漢代塗朱的行為更甚，以南越王墓為例：在其西耳室曾發現一件漆盒裏藏玉劍飾 43 件，包括劍首 10 件、劍格 16 件、劍璲 9 件、劍珌 8 件，「這批玉劍飾玉質較好，雕工精湛，在漢代玉劍飾中亦屬罕見。出土時，每件劍飾都有朱砂和朱絹黏附在表面，隨葬時當是以朱絹逐件包裹後放入盒內。」東側室出土一枚穿帶玉印，印面無文，但「出土時，表面染滿朱砂。」〔註 55〕可見漢墓中，有些極為特別之物很可能都進行塗朱砂處理。其用意或為轉化，或為加強它與墓主之間的關聯。

再次，或許還有施行法術的內容。器物塗朱應該是一種原始的宗教儀式或巫術的遺風。〔註 56〕塗朱的過程並不是簡單地塗抹朱沙，而是伴隨吟誦一些咒語等情況。同樣，上文中提到馬王堆一號墓玉璧、桃木俑等物同時出土，可能也是一併施法。漢代墓葬中的鎮墓文中常常可見諸如「生死異路」之類的文字表述，洛陽燒溝漢墓後牆壁畫上方的空心磚上用白粉書寫的三個「恐」字，表明漢代人在喪葬的整個過程中隨時都可能發生伴隨巫術詛咒、一定的儀式。而我們所見到的，最多只能是一種施行法術儀式後的痕跡。〔註 57〕總而言之，死者最安全的地方是為他建築的墓室，天上是極端危險的所在。〔註 58〕但是理順死者與墓室之間的關係的過程中，需要經過一番處理與轉化，而內棺蓋上之玉璧就是其中起到關鍵的作用的部分，這也是為什麼其做工、用料通常是整個墓葬所出玉璧中級別最高之故。

（作者單位：中國藝術研究院）

〔註 54〕 那志良：《中國古玉圖釋》，第 385 頁。
〔註 55〕 廣州市文物管理委員會、中國社會科學院考古研究所、廣東省博物館：《西漢南越王墓》，第 122、248 頁。
〔註 56〕 高志偉：《考古資料所見赭石、朱砂、鉛丹及其應用》，《青海民族大學學報》，2011 年第 1 期，第 102～109 頁。
〔註 57〕 河南省文化局文物工作隊：《洛陽西漢壁畫墓發掘報告》，《考古學報》1964 年第 2 期，第 107～125 及圖版 1－8、彩版 1－2。
〔註 58〕 巫鴻著：《禮儀中的美術——馬王堆再思》，《禮儀中的美術》（北京：生活・讀書・新知三聯書店，2005 年版）第 110 頁。

東漢解注瓶與漢代墓葬中的北斗圖像〔註1〕

顧穎

摘要：「北斗」一名經常在漢代解注文中見到，在古人心目中，北斗就是一部展示在天空的曆書和鐘錶。除了授時和指向功能外，北斗還兼司人間壽數，具有主殺的職權。因死生大事都由其決定，故在墓葬中常見化身爲具有人格化的司命神。

關鍵詞：讖緯；解注瓶；漢代墓葬；北斗

北斗星是北天拱極星中最突出的星官，屬恆顯區，大熊星座。由於它終年常顯不隱，觀測十分容易，從而成爲終年可見的時間指示星，漢代墓葬中，我們常會看到北斗星的畫像，學界公認其主要功能是授時和指引方向。〔註2〕

〔註1〕 本文是 2012 年國家社科基金藝術學項目「漢代讖緯與漢畫像中的祥瑞圖式研究」（項目編號：12CA069）的階段性成果，研究還受到江蘇師範大學「博士教師科研」項目的資助（項目號：15XWR015）。

〔註2〕 馮時是較早通過考古遺跡探討過北斗信仰的天文學意義的學者，在《中國天文考古學》多部著作中論及北斗，通過對河南濮陽西水坡 45 號墓遺跡的分析，確立了以北斗與四象爲代表的五宮體系已構建起雛型，中國傳統天文學的主體部分已經形成。陸思賢和李迪在《天文考古通論》一書中對於北斗研究的重要看法是史前遺跡中出現的漩渦紋到後世的太極圖都是北斗繞太極在旋轉。這種看法視角比較獨特，給學界後來研究北斗還是有一定的啓發的。葛兆光在論文《眾妙之門——北極、太一、太極與道》一文中，將北斗作爲北辰信仰的分支進行了討論。還有一些論文也都談到了北斗，幾乎都肯定北斗

東漢時期，解注瓶大量出土，北斗主殺的觀念在東漢開始萌芽，緯書中有大量論及之內容，解注瓶上的解注文和符籙也證明了北斗具有解除注祟，護祐生人的功用。

一、漢代墓葬中的北斗圖像

　　滕州市漢畫像石館藏有一塊北斗星象畫像石（圖 1），該石製作年代約爲東漢晚期，淺浮雕雕刻，石三周飾三角紋，上部一角殘缺，底部邊長 121 釐米，兩邊殘餘長分別爲 64 釐米、61 釐米。一條大魚橫在殘缺處，魚頭處似有兩顆星象。畫面中部刻北斗七星，斗口向下，斗魁下是相互交叉的環首刀與斧頭，在天權與玉衡連線上站立一人，頭戴纓冠，身體向右微躬，一鳥口中叼一魚立在底邊。對於這幅畫像的斗口向下，與「帝車」之意略有不符，有學者認爲這種圖式表明死者亡魂歸於斗極之時，以禹步除道，厭辟刀兵的意思。〔註3〕道教吸取、完善了中國古代的北斗崇拜，構建了以北斗神爲主神的天庭世界，在道教系統中，模擬北斗七星運行的軌跡而形成步舞的法術應運而生。漢畫中常常出現的七盤舞就有北斗崇拜的神聖意義在裏面，它的舞步就是模倣北斗的星跡，代表的深層含義就是對祖先或神明的獻祭。「獻祭」這個詞首先表達了「聖化（consecration）」的觀念，二者在某種意義上是同一的，即獻祭意味著聖化。祭主本人也是通過出現在祭祀現場或者扮演相應的角色而受到了影響，從一般領域進入宗教領域。這種「聖化」有兩種類型：一，聖化的效力被限制在祭品中，祭品可能是物，也可能是人；二，「聖化」會延伸到被聖化的物品之外，包括提供經濟支持和物品或犧牲者。〔註4〕漢畫中的七盤舞圖作爲墓葬文化的一種圖式（圖 2、圖 3），就是受這種巫術思維的影響，死者的後人希望通過對神的獻祭，得到神靈的庇祐，使死去的親人早日升仙，同時保祐活著的親人能夠在世間永生。〔註5〕爲了給自己造福，漢代人

　　　　在授時和指向中的作用。馮時：《中國天文考古學》，北京：中國社會科學出版社，2011 年版；陸思賢、李迪：《天文考古通論》，北京：紫禁城出版社，2005 年版；葛兆光：《眾妙之門──北極、太一、太極與道》，《中國文化》1990年第 2 期，第 46～65 頁。

〔註3〕　朱磊等：《山東滕州出土北斗星象畫像石》，《文物》2012 年第 4 期，第 71～74 頁。

〔註4〕　〔法〕昂利·於貝爾、〔法〕馬塞爾·莫斯著，梁永佳等譯：《獻祭的性質和功能》，桂林：廣西師範大學出版社，2007 年版，第 189 頁。

〔註5〕　顧穎：《漢畫像中巫舞的表現形式及文化意義》，《徐州工程學院學報》2008

希望借助神奇偉大的外在力量幫助自己，這種外在力量也有自己的規律，與人間的秩序完全一樣，只要給至尊神奉獻最好的犧牲就能得到回報，這些犧牲大多是帶血的動物，這些犧牲必須放置在貴重的器皿中，那麼這些器皿就成為禮神的禮器，從而享有尊貴地位，由此，以這種具有禮器性質的器皿作為主要道具的盤舞，在祭祀活動中就不可或缺，在漢代祭祀活動中更是不少。以人充當祭牲的情況，史籍上著名的商湯王以身禱雨的傳說就是一個例子。〔註6〕將人作為祭品獻於神的畫像象徵人的自我與具有神性的物的合一。〔註7〕人被神吞食，從而實現神與人的合一，從而得到神的保護。道教的踏罡就借鑒了這種思想，「罡」，原義是北斗斗構最末一顆星。《抱朴子內篇・雜應》曰：「又思作七星北斗，以魁覆其頭，以罡指前。」〔註8〕滕州畫像石所表現的正是一老者足踏禹步，畫地做法，祈求借助北斗的神力辟兵除道。〔註9〕在行步時按照當時天罡所在以定方位，然後步履軌跡有如斗形，含有有隨斗運轉之意。禹步的功能主要是消災去病、驅除鬼魅、禁禦毒蛇猛獸等。〔註10〕

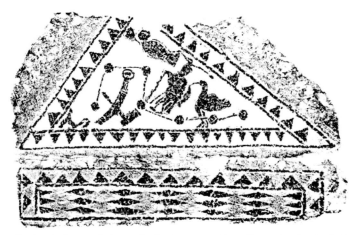

圖1　山東滕州出土北斗星象畫像石，原石藏山東滕州漢畫像石館

第9期，第43～47頁。

〔註6〕　馬昌儀：《中國神話學文論選粹》（上冊），北京：中國廣播電視出版社，1994年版，第191頁。

〔註7〕　朱存明：《從漢畫像石探析漢代盤舞藝術》，《東方收藏》2010年9期，第24～35頁。

〔註8〕　張松輝譯注：《抱朴子內篇》，北京：中華書局，2011年版，第503頁。

〔註9〕　朱磊等：《山東滕州出土北斗星象畫像石》。

〔註10〕　李遠國：《大禹崇拜與道教文化》，《中華文化論壇》2012年第1期，第27～32頁。

圖 2　四川彭縣盤舞畫像

（採自高文編《四川漢代畫像磚》圖四二）

圖 3　南陽許阿瞿墓盤舞畫像

（採自《中國畫像石全集》第 6 卷圖二○二）

　　在漢代的緯書中，北斗以人格化的司命神出現，把北斗與黃帝聯繫起來，《河圖始開圖》：「黃帝名軒轅，北斗神也。」「黃帝名軒，北斗黃神之精。」〔註 11〕多篇緯書對北斗神奇能力大加附會，將黃帝奉為北斗之精。由於北斗「帝車」下壓著二十八宿之「天屍」鬼宿，北斗被賦予解除注祟，護祐生人

〔註11〕　〔日〕安居香山、中村璋八：《緯書集成》，石家莊：河北人民出版社，1994
　　　　年版，第 1105 頁。

的職能，在死於非命者的厭勝解注葬儀中得以廣泛應用。〔註 12〕由於漢人迷
信天上的斗星和人的死生有關係，漢人把北斗看作掌管人生死的神靈，時人
常向北斗祭禱以求延命。尤其在道教中有專門參拜北斗的科儀，向北斗禳祈
以延壽，寄託了人們美好的長生理想，後來便成了道教中一項傳統性的重要
宗教儀式。〔註 13〕

二、解注瓶上的北斗星

「北斗」一名經常在漢代解注文中提到，東漢明帝以至魏晉時期，中國
北方地區墓葬中發現大量朱、墨書寫鎮墓文字及神符的陶罐、磚券、鉛券之
類的器物，其中瓶或罐之屬腹部多繪有北斗圖案，並書「北斗」、「北斗君」、
「黃神北斗」、「八魁九斗」等字樣，內容多為解除注祟，與早期的道教、巫
術有關。〔註 14〕如寶雞出土的陶瓶上，都寫著「黃神北斗」，有些鎮墓文在敘
述幽冥官司的同時還會提到「上司命、下司祿」。〔註 15〕解注瓶也叫「鎮墓瓶」
或「解除瓶」，本文按照大多學者的說法，將東漢墓葬中出土的朱書陶罐統稱
為「解注瓶」，其上文字通稱「解注文」。解注瓶和解注文，是東漢時期道教
對喪葬儀式的繼承。解注又稱解逐，是古已有之的一種巫術，為消除災禍而
舉行驅逐凶神惡鬼的一種祭祀活動。其作用主要是為死者解咎除殃，為在世
的親人祈福免罪；同時也有隔絕死者和在世親屬之間的聯繫，令死者亡魂不
去打擾在世的親人。〔註 16〕2001 年 8 月，陝西咸陽窯店出土了一件東漢時期
的陶瓶（圖 4），瓶身用朱砂繪有星圖、符咒文字。陶瓶右上面部繪有北斗星
的圖形，由短線連接圓點（代表星）而成，魁內有連成等腰三角形形狀的三
顆星，斗柄下方有連成菱形四顆星。右側有六顆星兩兩相連，平行並置。左
側朱書五行二十四字：「生人有鄉，死人有墓。生人前行，死人卻行。死生異

〔註 12〕 朱磊：《中國古代北斗信仰的考古學研究》，山東大學博士論文，2011 年，第
　　　　 57 頁。
〔註 13〕 蓋建民：《道教與中國傳統天文學關係考略》，《中國哲學史》2006 年第 4 期，
　　　　 第 105～111 頁。
〔註 14〕 張勳燎、白彬：《中國道教考古》第一冊，北京：線裝書局，2006 年版，第 1、
　　　　 6 頁。
〔註 15〕 陝西省文物管理委員會：《長安縣三里村東漢墓發掘簡報》，《文物參考資料》，
　　　　 1958 年第 7 期，第 62～65 頁。
〔註 16〕 郭曉濤：《河南偃師出土的「天符地節」朱書陶罐文字考釋》，《洛陽考古》2015
　　　　 年第 4 期，第 82～84 頁。

路，毋復相困。」〔註 17〕窯店解注瓶通過繪製北斗壓鬼宿的天象，表達厭勝驅邪，分隔人鬼的觀念。東漢王充《論衡》卷第二十五《解除篇》，記時人「世信祭祀，謂祭祀必有福；又然解除，謂解除必去凶」。〔註 18〕《太平經》曰：「生亦有謫於天，死亦有謫於地。」〔註 19〕謫就是罪過，解謫就是解除罪過。解注文之「解」，即具有攘除、驅逐等特定含義的宗教術語。而「注」則指的是一種疾病，《周禮·天官·瘍醫》曰：「掌腫瘍、潰瘍、金瘍、折瘍之祝，藥刮殺之齊。」鄭玄注曰：「祝，當爲注，注病之注。」劉熙《釋名》卷八「釋疫病」云：「注病，一人死，一人復得，氣相灌注也。」〔註 20〕也是相類似的意思。《太平經》中更是說得更清楚，「天教吾具出此文，以解除天地陰陽帝王人民萬物之病也，凡人民萬物所患苦，悉當消去之」，〔註 21〕可見要解除的是一種病，注病之病。洛陽西郊東漢墓所出的解注文，記解除的注病有百種，旁邊又附以道教符篆，可見該類解注文純屬道教攘解之詞。〔註 22〕而魏晉時期道教文獻《赤松子章曆》卷四《斷亡人復連章》中有云：「爲某解除亡人復連之氣，願令斷絕。生人魂神屬生始，一元一始。相去萬萬九十餘里。生人上屬皇天，死人下屬黃泉，生死異路，不得擾亂其身。」隋代巢元方《諸病源候論》一書卷之二四《注病諸侯》章，分別列出三十四種注病。在論證每一種注病時，其開頭多言「注者，住也，言其病連滯停住死又注易旁人也」，注字在這裡有兩重含義，一是停住，一是注易。注字本身即且有轉注連屬之義，注病既能致人於死地，又能由死者轉注連屬於別人，這在古人看來當然是十分可怕的，所以要用巫、道手段攘解。

〔註 17〕 劉衛鵬、李朝陽：《咸陽窯店出土的東漢朱書陶瓶》，《文物》2004 年第 2 期，第 86～87 頁。

〔註 18〕「解逐之法，緣古逐疫之禮也。昔顓頊氏有子三人，生而皆亡，一居江水爲虐鬼，一居若水爲魍魎，一居歐隅之間主疫病人。故歲終事畢，驅逐疫鬼，因以送除迎新內吉也。世相仿傚，故有解除。」〔東漢〕王充：《論衡·解除篇》，《諸子集成》（七），北京：中華書局，1954 年版，第 245～246 頁。

〔註 19〕 王明編：《太平經合校》，北京：中華書局，1960 年版，第 74 頁。

〔註 20〕〔宋〕李昉：《太平御覽》（四），北京：中華書局，1960 年版，第 3296 頁。

〔註 21〕 王明編：《太平經合校》，第 694 頁。

〔註 22〕 劉昭瑞：《談考古發現的道教解注文》，《敦煌研究》1991 年第 4 期，第 56～62、128～129 頁。

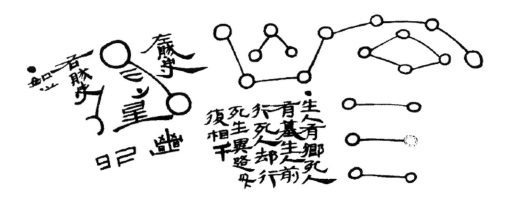

圖4　咸陽出圖東漢解注瓶摹本

（選自劉衛鵬、李朝陽：《咸陽窯店出土的東漢朱書陶瓶》，

《文物》2004 年第 2 期，圖三）

　　從考古發現的解注文中可以看出，墓主一般都屬於未得善終的非正常死亡，解注文要求死者對在世的親人們「樂莫相念」，「苦莫相思」，完全斷絕親人之情。就是防止地下死者作祟於地上生人。近代民族學和民俗學材料中這種現象仍屢見不鮮，並且都有一定的攘解活動，解注文正是這種活動的反映。陝西長安縣三里村曾出土一件陶瓶（圖 5），上面用朱書繪有連接而成的北斗七星，斗魁中寫有「北斗君」三字，北斗下書四行朱書文字，每行五字：「主乳死咎鬼，主白死咎鬼，主幣死咎鬼，主星死咎鬼。」在這裡，「乳死」是指年幼夭折夭折的嬰兒轉化之鬼；「白死」應爲「自死」，意指自殺身死之鬼；「幣死」爲在軍事衝突中死去之鬼；「星死」爲受過肉刑而死之鬼，是漢代人非常懼怕的咎鬼之一。這裡文字寫明四大咎鬼均由「北斗君」所土，所以漢人要祈求他來解決咎殃。爲防止鬼魂作祟加害生人，非自然死亡的人在下葬時要施厭鎮之法，道士要在儀式中禮請「北斗君」壓制厲鬼，並將之發送到鬼宿，使「鬼有所歸，乃不爲厲」，在壽終正寢或是修道升仙之人的墓中，北斗常繪於墓頂之天象圖內，代表天國仙境以及通天升仙的法門。〔註23〕此四咎鬼正好與窯店陶瓶上的輿鬼四星相對應。也就是說，窯店陶瓶上的輿鬼四星應分別代表此處的「乳死咎鬼，自死咎鬼，幣死咎鬼，星死咎鬼」。

〔註23〕 朱磊：《談漢代解注瓶上的北斗與鬼宿》，《文物》2011 年第 4 期，第 92～96 頁。

圖 5　三里村東漢墓「北斗君」朱書摹本
（選自王育成：《南李王陶瓶朱書與相關宗教文化問題研究》，
《考古與文物》，1996 年第 2 期，第 62 頁。）

　　三里村陶瓶上的文字在漢畫像中有非常形象化的表現，東漢武梁祠前石室第四石刻有「北斗帝車圖」（圖 6），圖中顯示出天帝（北斗星君）頭戴高冠，坐於車中，他的車由北斗七星組成，前四星組成車輿，後三星組成車轅，雲氣為車輪，天帝駕著斗車面南而坐，他的對面有四人屈身跪拜，四人前地上置放一人頭，這四人首一人懷抱一名嬰孩，似乎在向北斗大帝祈求什麼，後面三人則是恭敬肅立或是虔誠跪拜，我們不得不聯想起這四人與三里村陶瓶文字的關係，為首抱嬰孩的或許是管理「乳死」咎鬼的天官，後三人分別應該是管理「白死」「幣死」和「星死」咎鬼的天官，這四天官所在的位置正好是鬼宿所在之處，所以他們是管理鬼宿的天官，他們的職責就是驅趕死鬼，讓他趕緊到鬼的住所去，而生人多子多孫，受尾宿保護，死人受祠祀歸鬼宿管理。

圖 6　武氏祠前石室屋頂前坡西段畫像（局部）
（採自《中國畫像石全集》第 1 卷 圖七三）

三、北斗星的民俗信仰意義

自秦以來，立廟祭祀北斗，旗幟上畫有北斗，漢畫像中頻現北斗圖像，說明兩漢人非常信崇北斗，尤其是道家，他們認爲「北斗……爲天之樞紐……上自天子下及黎庶，壽祿貧富，生死禍福，幽冥之事，無不屬於北斗之總統也。」〔註24〕意即北斗專司人間壽數，死生大事都由其決定。因此，道教有專門拜北斗的儀式。運用北斗、七星等視覺符號爲圖案的七星旗是道門的重要標誌之一。漢都城長安又名「斗城」，象徵人間政權要運於中央，臨制四方。《史記·封禪書》記載漢武帝征伐南越時禱告了太一神，首祭「日月北斗登龍旗」，指向南越，祈願戰勝，記載曰：「其秋，爲伐南越，告禱太一。以牡荆畫幡日月北斗登龍，以象太一三星，爲太一鋒，命曰『靈旗』。」〔註25〕漢元年十月天上現「五星連珠」之象，彼時北斗斗柄指亥，遂長安西北角便命名爲「北斗極」。王莽視北斗爲保護神，在南郊敬祀天帝時，極度迷信北斗，曾用五種石藥與銅鑄造了長二尺五寸的「威斗」帶在身邊以厭壓眾兵。〔註26〕

在漢代墓葬中，北斗作爲天文知識的記錄與判斷一直是緯書中的重要部分，不僅僅是由於它提供了許多預卜人事未來的星占之術，也是因爲它闡明了「天」的存在價值，以及天與人的關懷。讖緯以「人身小宇宙、宇宙大人身」的「人副天數」、「官制象天」來證明天人爲同質的存在，並以災異、祥瑞來規範宇宙秩序，規範漢代社會的政治人文秩序。

（作者單位：江蘇師範大學美術學院、東南大學藝術學院）

〔註24〕《太上玄靈北斗本命延生眞經注》，《道藏》第17冊，北京：文物出版社等，1988年版，第10頁。

〔註25〕〔漢〕司馬遷撰，〔宋〕裴駰集解：《史記》，北京：中華書局，2000年版，第1117頁。

〔註26〕《漢書·王莽傳》記載：「是歲八月，莽親之南郊，鑄作威斗。威斗者，以五石銅爲之，若北斗，長二尺五寸，欲以厭勝眾兵。」〔漢〕班固撰、〔唐〕顏師古注：《漢書》，北京：中華書局，2000年版，第3046頁。

漢晉有翼銅人及其銘文新證*

朱滸、段立瓊

摘要：通過對有翼銅人的系統梳理，我們發現其廣泛分佈在絲綢之路沿線，呈自西向東分佈。其身上的銘文應改釋爲「戊子（而非仙子）」與「戊子大吉」，係具有道教意涵的讖緯吉語，表現出銅人的道教屬性，並反映了當時道教對佛教等外來文化的吸收和借鑒。

關鍵詞：漢晉；絲綢之路；銅人；戊子大吉；道教

在漢晉時期的城址和墓葬中，偶而會出土一種小型有翼銅人，最初尚未引起重視。上世紀 90 年代初，孫機先生在《漢代物質文化資料圖說》一書提出這一有翼銅人的造型與漢代藝術風格迥異，具有西方色彩，像西方神話中的厄洛斯（Eros），[註1] 引起了學術界的普遍關注。段鵬琦先生注意到漢魏洛陽故城太學遺址發現的銅人背後有銘文，將其釋讀爲「仙子」，認爲其「包含雙翼天使的一種西方宗教沿絲綢之路自西向東傳播的軌跡」[註2]。此後，學者們不約而同地將這類銅人視作中西藝術交流的重要證據。然而，學術界

* 本文是國家社科基金一般項目「秦漢神仙信仰與近年考古圖像的圖文關係研究（編號 14BZW041）」的階段性成果。
〔註1〕孫機：《漢代物質文化資料圖說》，北京：文物出版社，1991 年版，第 452 頁。
〔註2〕段鵬琦：《從北魏通西域說到北魏洛陽城》，載洛陽市史志編纂委員會辦公室編：《洛陽——絲綢之路的起點》，鄭州：中州古籍出版社，1992 年版，第 353 頁。

目前對這些有翼銅人的研究尚顯淺顯，對其用途、銘文、性質等問題尚未有人做過系統的整理和研究。除了科學發掘品外，大量散見於民間的零散材料也鮮有人關注，不能不說是一種遺憾。本文擬在系統搜集相關考古材料的基礎上，結合來源可靠的民間材料，對其銘文進行重新釋讀，對其用途和性質進行考釋，以期彌補學術界對這些銅人認識上的不足，並懇請專家學者批評指正。

一、考古發現中的有翼銅人

漢晉考古發現中的有翼銅人並不鮮見。最早的一例發現於 1955 年，陝西省文物管理委員會在西安市東郊十里鋪清理了一座東漢墓。據清理簡報，南耳室的中部近南壁是一小孩的骨架，出土小銅人（圖 1）一個，銅人高 3.2、寬 2.1、厚 1.1 釐米，兩臂生翼，項帶珠圈，微曲小腿，手拿小鈸合於胸前，製作精緻，姿態生動自然，很有生氣，背上有一小孔可穿。出土位置在小孩的頭骨下，簡報中推測可能是小孩的項飾〔註3〕。該銅人是童子形象，背部有穿孔。童子手持鈸一樣的物體中間有合縫。這一銅人被孫機先生選入《漢代物質文化資料圖說》一書中的「漢代與域外的文化交流」一節。他進一步指出，銅人手裏拿的鈸又名盤鈴，據《隋書·音樂志》四世紀時才傳入我國，推斷此物為外來之物〔註4〕。日本學者林謙三提出了不同的意見，他認為「鈸」是外來語的訛音，中國本身並沒這個字，用的是同音別字，後來才用鈸作為正字。這一樂器是否四世紀時才傳入中國並沒有確證，但至少在東晉就已被人們所熟知，推想傳入年代應該更早〔註5〕。考慮到這件銅人出自東漢時期的墓葬，這一樂器入華的時間可能早至二世紀。

〔註3〕 雒忠如：《西安十里鋪東漢墓清理簡報》，《考古通訊》1957 年第 4 期，第 38
～40 頁。

〔註4〕 孫機：《漢代物質文化資料圖說》，第 452 頁。

〔註5〕 〔日〕林謙三：《東亞樂器考》，北京：人民音樂出版社，1962 年版，第 27
頁。

圖 1　西安東郊十里鋪漢墓出土有翼銅人

　　另一處重要的考古發現在漢魏洛陽故城。新中國成立後，社科院考古人員對該遺址進行了長達數十年的考古發掘。該遺址曾出土過兩件銅人，前者「雙臂翅膀殘缺，係在龍虎灘採集」〔註6〕（圖 2）。後者為科學考古發掘品，雙翼「保存完好」（圖 3），出自「出自城南太學遺址第二層，即北魏（或北朝）層中」〔註7〕，「皆為範鑄，裸體。正面童髮、長眉、大眼。帶項鍊、雙手合十，拱於胸前。上臂各生一翼，張翼作飛狀。肚臍、生殖器俱刻畫出來。雙腿微屈。背部有字，似『仙子』二字」〔註8〕。段鵬琦先生把漢魏洛陽故城出土的銅人與新疆米蘭遺址的雙翼天使形象相聯繫，結合其銘文「仙子」，認為其勾勒了西方宗教沿絲綢之路自西向東傳的軌跡〔註9〕，並推斷其可能是外國人專為中國人製造。後來學者往往轉引他的觀點，將人像背後的銘文斷為「仙子」。

　　本世紀初，這類有翼銅人又有了新發現，主要集中在長江中上游地區。2003 年，考古學家在發掘位於三峽庫區的重慶市雲陽舊縣坪遺址（推測為漢代胊忍縣城）時意外發現一個「青銅小人」〔註10〕（圖 4）。銅人為帶翅膀的裸體男像，約 3～4 釐米高，頭上似戴尖帽，年代大約在漢代到六朝之間。

〔註6〕　中國社會科學院考古研究所編：《漢魏洛陽故城南郊禮制建築遺址》，北京：文物出版社，2010 年版，第 272 頁。
〔註7〕　段鵬琦：《從北魏通西域說到北魏洛陽城》，第 353 頁。
〔註8〕　中國社會科學院考古研究所編：《漢魏洛陽故城南郊禮制建築遺址》，第 272 頁。
〔註9〕　段鵬琦：《從北魏通西域說到北魏洛陽城》，第 353 頁。
〔註10〕　北京青年報：《最後的觸摸》，北京：中國青年出版社，2003 年版，第 90～91 頁。

圖 2　漢魏洛陽故城採集銅人　圖 3　漢魏洛陽故城太學遺址出土有翼銅人

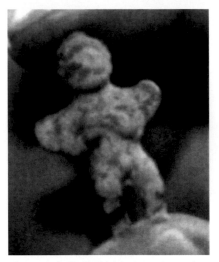

圖 4　雲陽舊縣坪遺址出土有　　　圖 5　襄樊三國墓出土有翼銅人
　　　翼銅人

　　2008 年，襄樊市考古工作者在一座漢末三國時期的墓葬中又發現了一個
所謂的「銅羽人」（圖 5），媒體曾作過廣泛報導。銅人高約 3 釐米，雙手抱在
胸前，背部有一對翅膀，頭部和雙手戴有串珠，雙面合範澆鑄。其出土部位
在死者頭部，並且同時出土有五銖錢、模型倉灶等。專家認為銅人墓葬大致
在三國時期。報導還認為該銅人為國內最小的羽人，不僅與楚地巫術有關，
還是佛珠傳入我國最早的證據〔註 11〕。其實，這個所謂的「銅羽人」就是前
文提到的有翼銅人，並非漢代藝術傳統中的「羽人」。漢代羽人的典型特徵是

〔註 11〕鄒琪：《襄樊出土國內最小羽人銅像》，《楚天都市報》2010 年 1 月 5 日版。

「長著兩隻高出頭頂的大耳朵」〔註12〕，同此例有翼銅人明顯不符。

圖 6　襄樊蔡越三國墓地出土陶樓上的有翼人像

　　無獨有偶，2008 年 10 月襄樊市文物考古研究所在襄樊的長虹路茱越墓地發掘了一座三國時期的墓葬，〔註13〕同樣有所發現。這些有翼童子像位於一座陶樓的門扉上（圖 6）。該陶樓由門樓、院牆和二層樓閣等組成，左、右、後三面牆頂蓋雙坡式簷瓦。前牆中部開一大門，兩扇門扉，門扉上各堆塑兩有翼童子和一銜環鋪首。大門右側開一單扇小門，門扉上也堆塑一有翼童子。這五例陶塑童子像與前揭有翼銅人驚人的相似。童子背後有一雙翅膀，雙手彎曲抱於胸前，頸部有佩戴串珠。由於模型陶樓是供亡靈享用的，考古專家認為它和有翼銅像的作用都是「幫助引導亡靈昇天」。羅世平教授認為上述有翼人像的來源要在印度佛教中去找，它和印度巴爾胡特塔圍欄中的有翼天人有關。〔註14〕

〔註12〕　賀西林：《漢代藝術中的羽人及其象徵意義》，《文物》2010 年 7 期，第 47 頁。

〔註13〕　劉江生、王強等：《湖北襄樊樊城茱越三國墓發掘報告》，《文物》2010 年 9 期，第 391～430 頁。

〔註14〕　羅世平：《仙人好樓居：襄陽新出相輪陶樓與中國浮圖祠類證》，《故宮博物院院刊》2012 年第 4 期，第 18 頁。

此外，還有一些館藏的有翼銅人散見於一些展覽和圖錄，尚無法確定其出土情況。如 2015 年 4 月於天津博物館展出的「絲綢之路文物精品大展」彙集了我國西北五省區 18 家文博單位和天津博物館的 206 件組精品文物，其中有一例西安博物院收藏的「銅翼人像」（圖 7），銅人爲裸體童子形象，雙手合於胸前，背生雙翼，項戴珠飾，其造型與前揭有翼銅人完全一致，銘牌標示其爲陝西西安紅廟坡出土。

圖 7　西安紅廟坡出土有翼銅人

根據以上不完全統計，考古發現中的漢晉有翼銅人已有五件，分佈在西安、洛陽、重慶、襄樊等地，此外襄樊陶樓上還有幾例模印陶塑翼人像，其形態同銅製者幾乎無二。從細節看，西安十里鋪出土銅人似「雙手執鈸」，重慶雲陽舊縣坪出土銅人似「頭戴尖帽」，其餘有翼、有項珠、雙手合十、男性生殖器外露等特徵幾乎一致。有些銅人腋下有兩個圓形穿孔，有些則是實心。另，漢魏洛陽故城遺址出土的有翼人像背後還有銘文。其具體信息詳見表 1。

表 1　考古發現中的漢晉有翼銅（陶）人

年代	數量	出土地	銘文	特徵
東漢	1	西安十里鋪漢墓	無	有翼，有項珠，似雙手執鈸
東漢-北魏	1	漢魏洛陽故城太學遺址	舊釋爲「仙子」	有翼者與無翼者同出，有項珠
東漢-魏晉	1	重慶市雲陽舊縣坪遺址	無	有翼，有項珠，似頭戴尖帽
三國	1	襄樊三國墓	無	有翼，有項珠
東漢	1	西安紅廟坡	無	有翼，有項珠
三國	5	襄樊菜越三國墓	無	陶質，位於陶樓門扉鋪首上，有翼，有項珠

二、有翼銅人與無翼銅人之關係

　　雖然有翼銅人引起了很多學者的關注，但我們應該充分認識到，無翼銅人的發現比有翼銅人更早，數量也更多。由於無翼銅人沒有「肩部生翼」這一明顯的外來特徵，並未引起學術界足夠的重視，甚至影響到對其形態的判斷。如，段鵬琦先生在漢魏洛陽故城中龍虎灘採集到的一例無翼銅人誤以爲「雙翼殘損」。其實結合已知的實物證據，我們發現這些銅人原本就分爲有翼和無翼兩種亞型。

　　中國境內的無翼銅人主要分佈在新疆、甘肅、內蒙等地。早在上個世紀初，黃文弼先生就在沙雅西北裕勒都司巴克一帶採拾到一件小銅人（圖 8），「銅人通高 2.5 釐米。頭髮下披及額，作童子形，兩手合拱，中捧一物，左右有穿孔，以穿繩索」，﹝註15﹞推測其爲兒童佩戴之具。當地爲沙漠地帶，遺址久埋沙中，每當風沙吹過經常會有古物出現，並且有銅錢並存。黃文弼根據共存遺物推斷其年代爲 2～4 世紀，即東漢至魏晉時期。英國人斯坦因在《西域考古圖》中也披露了在樓蘭發現的呈蹲踞狀的銅人，編號爲 Khot.005。﹝註 16﹞《新疆古代民族文物》一書中也著錄了一枚樓蘭 L.A 古城出土的銅人，年代標爲漢晉。﹝註 17﹞《北方草原鄂爾多斯青銅器》刊錄一例內蒙出土此造型銅人，但只有圖像描述，沒有出土信息。﹝註18﹞

﹝註15﹞　黃文弼：《塔里木盆地考古記》，北京：線裝書局，2009 年版，第 115～120 頁。
﹝註16﹞　Stein. *Serindia*, Chap.IV. Oxford Press, 1911, p.IV.
﹝註17﹞　新疆維吾爾自治區社會科學院考古研究所編：《新疆古代民族文物》，北京：文物出版社，1985 年版，圖版 219。
﹝註18﹞　王飛編著：《北方草原鄂爾多斯青銅器》，海拉爾：內蒙古文化出版社，2009年版，第 83 頁。

圖 8　黃文弼新疆採集銅人

　　此外，無翼銅人在墓葬中也有發現。1966 年甘肅酒泉漢代小孩墓中出土兩例同樣造型的銅人，皆出自兒童的甕棺內，高 2.5 釐米，形體小巧。〔註 19〕上述考古發現與館藏漢晉無翼銅人信息詳見表 2。

表 2　考古發現與館藏的漢晉無翼銅人

年代	數量	出土地	銘文	著錄者
東漢	1	新疆沙雅	無	黃文弼
東漢-北魏	1	漢魏洛陽故城龍虎灘	舊釋為「仙子」	段鵬琦
東漢-魏晉	1	新疆樓蘭	無	斯坦因
東漢-魏晉	1	新疆樓蘭	無	新疆考古所
東漢-魏晉	1	內蒙古鄂爾多斯	無	王飛
東漢	2	甘肅酒泉	無	酒泉市博物館

　　綜上，我們可以初步得出幾點共識。首先，通過對墓葬的考古發掘和各地遺址的採集，可以大體判斷銅人的年代在漢晉之間，即約 2～5 世紀；其次，銅人分為有翼和無翼兩種亞型。兩種亞型的分佈地點多有重合，並有伴隨出土關係，可視為相似或同類製品，但其具體用途是否有所區別，尚不得而知。再次，銅人的分佈範圍比較廣泛。古都洛陽、西安、湖北襄樊、重慶雲陽、甘肅酒泉的沙漠戈壁、新疆的龜茲、樓蘭等地均有發現（圖 9）。這些地區大都是古代絲綢之路沿線的東西文化交流重鎮，銅人在這條古道上呈由西往東分佈，而絲綢之路東段的長江下游至華南地區幾乎沒有發現，故其西來的可能性較大。

〔註 19〕酒泉市博物館編著：《酒泉文物精粹》，北京：中國青年出版社，1998 年版，第 37 頁。

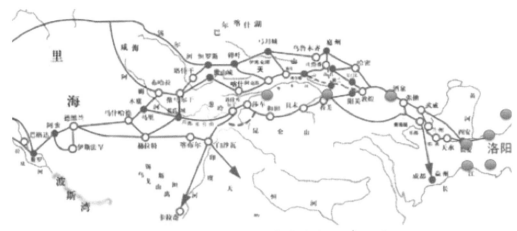

圖 9　絲綢之路沿線的漢晉銅人發現地

　　從現有考古材料不難推斷出這些銅人的用途。西安十里鋪東漢墓中的有
翼銅人發現在小孩的骨頭下，簡報推測可能是兒童的項飾。襄樊的有翼銅人
未發現與其他器物有連接點，襄樊考古所陳千萬所長推測可能掛在死者的頸
部或胸前〔註 20〕。吉林文物考古所的王洪峰猜測重慶雲陽的有翼銅人可能是
衣服上的裝飾〔註 21〕。還有學者推測這些有翼銅人是墓主人出於升仙目的賦
予其子的「羽人肖像」〔註 22〕，等等。考慮到甘肅酒泉漢墓中的無翼銅人也
出自漢代兒童的甕棺，可證多數銅人與兒童有關，因此，我們認為兒童佩飾
之說具有較大的可能性。

　　這些銅人還流露出一些宗教影響。目前學術界對它的理解以「佛教說」
占主要位置。考慮到其年代和傳播路線均同佛教入華的時空相吻合，且多數
童子額頭中央凹陷，似表示佛教的白毫，大多頸部都有串珠，多數呈雙手合
於胸前狀，因此可能與早期佛教存在某種關係。但也有學者持不同看法，如
段鵬琦先生認為「這種宗教，肯定不是佛教，但也不能說一定就是基督教或
基督教的聶斯托利派」〔註 23〕。這些銅人作為配飾為死者生前佩戴，用做裝
飾，還是作為明器，特意置於墓葬之中，庇祐死去兒童的靈魂，我們尚不能
確定。而銘文的正確釋讀，將是我們確定其用途與性質的核心證據。

〔註 20〕　鄒琪：《襄樊出土國內最小羽人銅像》。
〔註 21〕　趙陽《「襄樊銅人」引發的質疑》，《收藏投資導刊》2010 年第 10/11 期。
〔註 22〕　許大海《漢代藝術設計中的神仙觀念》，《民族藝術》2007 年第 2 期，第 43～
　　　　　48 頁。
〔註 23〕　段鵬琦：《從北魏通西域說到北魏洛陽城》，第 353 頁。

三、銘文的釋讀

　　雖然上述銅人的年代跨度和地理跨度都比較大，但有一些共同的特徵。從工藝看，其主要採用範鑄的青銅工藝，爲中國製品應無問題。銅人的外形因鑄造使用的範不同，或多或少都有差異，但總體特徵是接近的。前文披露的十餘例中，僅有洛陽漢魏故城遺址發現的兩個銅人背部文字出現銘文，並被段鵬琦先生定爲「仙子」。由於其文字漫漶，可以看出著錄文獻的不確定性，段先生在 1992 年版的書中直接稱其爲「仙子」，但 2010 年版的書中又改變了說法，稱「似『仙子』二字」〔註24〕。

　　2016 年末，筆者有幸得到幾例民間收藏的漢晉銅人的新材料，帶有清晰銘文，對輔助判定漢魏故城發現的銅人背後的文字起到了關鍵作用。新材料表明，銅人背後的文字並非段先生最初認定的「仙子」。

　　段鵬琦先生所據漢魏故城遺址發現的銅人，細審字跡，「仙子」明顯不妥。漢代「仙」字常作「僊」（《華山廟碑》）（圖 10），即使是「仙」字，其筆勢也與銅人背後銘文相去甚遠。這一時期銅鏡、錢幣、磚瓦等上面的銘文雖多，也絕少出現「仙子」這種稱謂。從現存文獻看，「仙子」這一稱謂似在唐代才開始普及，孟浩然《遊精思觀題觀主山房》詩云：「方知仙子宅，未有世人尋。」南北朝末至隋唐之際的道經《太上中道妙法蓮華經》有「或有諸仙子，住於深洞中，修心煉丹藥，以求大道玄」〔註25〕的記載，年代比漢晉時期晚很多。

圖 10　《華山廟碑》的「仙」字

〔註24〕中國社會科學院考古研究所編：《漢魏洛陽故城南郊禮制建築遺址》，第 272 頁。

〔註25〕《太上中道妙法蓮華經》卷 3 第 2，載〔明〕張宇初等：《正統道藏》，臺北：臺灣藝文印書館，1977 年版，第 46314 頁。

　　新發現的有翼、無翼銅人共有四例，其中 a、b、c 三例爲同一收藏家所有。爲了精確地確定銘文，該藏家還請專人製作了拓片。〔註26〕

　　銅人 a：有雙翼，右翼完整，左翼梢處略有缺失，黑漆古包漿，雙手捧於胸前，腋下有圓形穿孔。背後二字銘文，經拓片確認，爲清晰的「戊子」。右翼背後上有一銘文「大」字，左翼未見銘文（圖11）。

圖 11　銅人 a 及其銘文拓片

　　銅人 b：有翼，左翼完整，右翼與左小腿殘缺，雙手捧於胸前，腋下無圓孔，腦後有三個凸起銅點，正面可見項圈，頭髮清晰可見。經拓片確認，背後二字銘文，第一字較爲漫漶，第二字爲「子」（圖12）。

圖 12　銅人 b 及其銘文拓片

　　銅人 c：無翼，雙手捧於胸前，腋下無圓孔，銘文較爲清晰，經拓片確認，第一字隱約爲「戊」，第二字清晰爲「子」（圖13）。

〔註26〕經藏家本人同意，本文稱其爲「老趙」，另一位藏家爲網名爲「英鎊」。

圖 13　銅人 c 及其銘文拓片

　　銅人 d：有雙翼，雙手捧於胸前，腋下有圓孔，正反面均可見項圈，髮縷清晰，五官亦明晰可辨。背後二字銘文清晰，爲「戊子」。右翼背後有清晰銘文「大」，左翼背後有清晰銘文「吉」（圖 14）。由於沒有製作拓片，筆者特意手繪了線圖（圖 15）。

圖 14　銅人 d

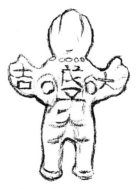

圖 15　銅人 d 線描圖

這些銅人銘文中的「子」字較清晰，沒有爭議。多數是「戊」字模糊，難以辨識。「戊」字隸書寫法，可見「曹全碑」（圖16）。這與上述a、c、d三例「戊」字寫法相同，而與「仙」字或「仙」字相去甚遠。依此重審漢魏故城遺址發現的兩例銅人，以及首字稍有漫漶的銅人 b 的背後銘文，確信均為「戊子」，只是鑄造時文字深淺不一，或有所磨損或銹蝕，從而影響辨識。

圖 16 　《曹全碑》中的「戊」字

令人振奮的是，在銅人 d 的翅膀上，我們還發現了銘文「大」「吉」二字，其右翼背後的「大」字與銅人 a 相同位置的銘文契合，這就驗證了銅人 a 左翼缺失的部分的銘文應為「吉」字。而這兩字，漢魏故城遺址發現的有翼銅人翅膀上未見，也未見於任何已有的文獻著錄，當屬新發現。

綜上，已知六例背後帶有銘文的漢晉銅人中，四例有翼，二例無翼。無翼銅人背後的銘文可釋讀為「戊子」，而並非「仙子」；有翼銅人銘文可釋讀為「戊子大吉」。其中，「戊子」二字鑄於銅人背部，而「大吉」二字鑄於雙翼的背後。我們尚不能排除有翼銅人背後僅鑄有「戊子」而無「大吉」二字的例子。其具體信息詳見表3。

表 3　帶有銘文的漢晉銅人

年代	數量	出土地	銘文	有無翼	信息來源
東漢-北魏	2	漢魏洛陽故城	戊子	一有，一無	段鵬琦
東漢-魏晉	1	傳採集自酒泉地區	戊子大	有	本文銅人 a 老趙收藏
東漢-魏晉	1	傳採集自鄴城附近	戊子	有（缺右翼）	本文銅人 b 老趙收藏

東漢-魏晉	1	傳採集自洛陽地區	戊子	無	本文銅人 c 老趙收藏
東漢-魏晉	1	傳採集自洛陽地區	戊子大吉	有	本文銅人 d 「英錡」收藏

四、銅人的道教美術屬性

上述銅人背後的銘文一旦確定下來，對我們深入瞭解銅人性質有重要的幫助。

首先，「戊子」為干支之一。「戊」與「子」分別是十天干和十二地支之一，兩者組合成為了干支紀元法之一，可以用來紀年、紀月、紀日、紀時。「戊子大吉」四字組合在一起，應是道教的讖緯吉語，借干支以來表災異、祥瑞等天象，有驅鬼、辟邪、吉祥之意。

漢初的黃老思想經過兩百多年的發展，在東漢時期形成「黃老道」，並逐漸分化為「天師道」和「太平道」。太平道的代表人物張角利用「歲在甲子，天下大吉」的口號來反對東漢的統治，宣傳群眾。《後漢書‧皇甫嵩傳》載：

> 初，鉅鹿張角自稱「大賢良師」，奉事黃老道，畜養弟子，跪拜首過，符水咒說以療病，病者頗愈，百姓信嚮之。角因遣弟子八人使於四方，以善道教化天下，轉相誑惑。十餘年間，眾徒數十萬，連結郡國，自青、徐、幽、冀、荊、揚、兗、豫八州之人，莫不畢應。遂置三十六方。方猶將軍號也。大方萬餘人，小方六七千，各立渠帥。訛言「蒼天已死，黃天當立，歲在甲子，天下大吉」。以白土書京城寺門及州郡官府，皆作「甲子」字。〔註27〕

黃巾起義雖然失敗，但道教在西南地區依然興盛，張魯以「五斗米道」統治漢中近三十年，這些道教思想在東漢時候非常活躍，也是東漢時期的主流思想之一。

我們初步認為，銅人背後銘文為「戊子大吉」而非「甲子大吉」，可能與王莽有關。《漢書‧王莽傳》載，王莽「令天下小學，戊子代甲子為六旬首。冠以戊子為元日，昏以戊寅之旬為忌日。百姓多不從者。」顏師古注曰：「元，善也」。〔註28〕按中國傳統，干支紀年六十為一周，甲子為首。王莽自以為土

〔註27〕〔劉宋〕范曄撰，〔唐〕李賢等注：《後漢書》，北京：中華書局，1965 年版，第 2299 頁。

〔註28〕〔漢〕班固撰，〔唐〕顏師古注：《漢書》，北京：中華書局，1962 年版，第 4138 頁。

德，戊子屬土，故把戊子改爲首。行冠禮把戊子日當作吉日。兒童佩戴的銅人上鑄有「戊子大吉」的銘文，符合當時的思想意識與風俗。

其次，銘文顯示銅人具有明顯的道教屬性，但考慮到人物具有部分白毫、雙手合十、聯珠紋項圈等佛教因素，符合東漢時期「佛道糅合」的特點。季羨林先生指出，「當佛像傳入中國時，正是讖緯之學盛行的時候。當時的一些皇室貴族，包括個別皇帝在內，比如東漢光武帝和明帝，都相信讖緯之學。在一般人心目中，佛教也純爲一種祭祀，它的學說就是鬼神報應。他們認爲佛教也是一種道術，是九十六種道術之一，稱之爲佛道或釋道。佛道並提是當時較流行的做法。《後漢書·光武十王傳·楚王英傳》說：『楚王誦黃老之微言，尙浮屠之仁祠。』襄楷上書說（《後漢書》卷六十下）：『聞宮中立黃老浮屠之祠。』許多人，包括漢桓帝在內，並祭佛老二氏。佛教就是在這樣的僞裝之下，在中國社會裏生了根。」〔註29〕

再次，重審有翼人像的外來因素。長期以來，在孫機、段鵬琦等前輩的倡導下，學術界往往特別重視這些人像的「雙翼」特徵，籍此將其斷爲漢晉時期中西交流的實物例證，將其原型視作希臘、羅馬的厄洛斯。其實，雙翼並非漢晉銅人必不可少的特徵。以上數例表明，鑄有雙翼與不鑄雙翼的童子背後均有「戊子」銘文，說明二者可能具有同樣的功能。

從人物形象看，這些童子流露出部分胡人特徵，爲之前的研究者所忽視。考古材料中，重慶市雲陽舊縣坪遺址發現銅人疑似頭戴尖頂帽，這是漢代胡人的典型特點，邢義田先生有精闢論述。〔註30〕而從上文所舉銅人 b、d 例看，胡人頭髮呈豎直、齊額的「瓜皮狀」短髮，並非漢式兒童或成人髮飾。此外，童子裸體，這也是漢代胡人的特點。1970 年濟寧南喻屯公社城南張漢墓中出土的漢畫像石中，可見裸體表演百戲的胡人。〔註31〕東漢至兩晉時期，活躍在漢地的胡人營造佛寺，翻譯佛經，如安世高、支謙、康僧會、佛圖澄等，對佛教在中國的傳播起到了關鍵作用。

〔註29〕 〔唐〕玄奘、辯機原著，季羨林校注：《大唐西域記校注》，北京：中華書局，1985 年版，第 16～17 頁。

〔註30〕 邢義田：《古代中國及歐亞文獻、圖像與考古材料中的「胡人」外貌》，載邢義田《畫爲心聲——畫像石、畫像磚與壁畫》，北京：中華書局，2011 年版，第 197～314 頁。

〔註31〕 山東省博物館、山東省文物考古研究所：《山東漢畫像石選集》，濟南：齊魯書社，1982 年版，圖版 67。

　　由於這些銅人的時代、地區差異性較大，尚不能確定最早製品的產地是在中國境內。在貴霜王朝的故地巴基斯坦和阿富汗一帶，也發現過類似的銅人，但由於資料限制，無法得知其準確來源和年代。然而，帶有銘文的銅人，往往刻畫得比較細緻，其圖像的細節呈現與工藝水平都達到了當時的巔峰，確信應爲漢地所鑄。

　　總之，這些漢晉銅人雖然在藝術上借鑒了一些佛教的裝飾特點，但在性質上仍屬於中國早期道教美術的範疇。帶有銘文「戊子」或「戊子大吉」的銅人較其餘品種更爲精美，可能是在王莽「戊子代甲子」的改革運動中特意鑄造的，而其餘不帶銘文的銅人，應是在不同時空中生產的類似製品，亦有可能是後期的仿品。這些銅人呈現出的外來風格，當被歸納到早期道教美術對佛教美術的吸收和借鑒中來，而不應過分強調其西方屬性。

結　論

　　通過對中國境內出土漢晉時期有翼銅人的研究，並對考古發掘與館藏及少量民間收藏銅人的系統梳理，文章得出以下結論。

　　漢晉銅人主要分佈在絲綢之路沿線，呈由西向東分佈。銅人可劃分爲有翼和無翼兩種亞型，主要作爲兒童的佩飾。銅人背後的銘文並非段鵬琦先生釋讀的「仙子」，而有「戊子」與「戊子大吉」兩種亞型。前者在有翼和無翼類型中均有發現，後者僅見於有翼類型。新發現的銘文表明，此類銅人雖然吸收借鑒了部分佛教藝術因素，但具有清晰的道教美術性質，不宜過分強調其西方來源。

（作者單位：華東師範大學藝術研究所）

塵尾：形制、功能與六朝文人美學

李修建

摘要：塵尾是六朝時期常見的一種器物，最初用於清談，後來遍及日常生活。塵爲一種麋鹿，六朝時期廣有分佈，尾大，可製作塵尾。在文獻記載中，塵尾最早出現於東漢，此後便是西晉清談活動之中。六朝墓葬畫及敦煌壁畫中，亦多有執塵形象。在六朝，塵尾之用途有四：拂穢清暑、清談助器、風流雅器和隱逸象徵，體現出了六朝士人特有的審美觀。

關鍵詞：塵尾；清談；風流；隱逸

在魏晉的清談活動中，有一種著名的器物，那就是塵尾。前人對此已多有研究，清代學者趙翼在《廿二史札記》卷八「清談用塵尾」條中率先指出「六朝人清談，必用塵尾」，[註1] 趙翼亦揭示了塵尾的日常功用：「蓋初以談玄用之，相習成俗，遂爲名流雅器，雖不談亦常執持耳。」[註2] 賀昌群在《世說新語札記》中考察了塵尾的形制與日常功用，范子燁《中古文人生活研究》一書中考證了塵尾的淵流、形制，塵尾與清談名士、名僧的關係，塵尾與維摩詰的關係，分析很爲細密。本文即在以上研究的基礎上，結合考古文獻資料，重點考察塵尾的源流及其所體現出的六朝士人的審美意識。

[註1] 〔清〕趙翼著、王樹民校證：《廿二史札記校證》，北京：中華書局，1984 年版，第 170 頁。

[註2] 同上，第 170～171 頁。

一、麈之義

《說文解字》曰：「麈，麋屬，從鹿。」〔註3〕司馬光《名苑》云：「鹿之大者曰麈，群鹿隨之，皆視麈所往，麈尾所轉為準，於文主鹿為麈。古之談者揮焉。」〔註4〕由此可知，麈乃一種麋鹿，為鹿群中的頭領。（圖1）而清人徐珂編纂的《清稗類鈔》「動物類」中則說：「麈，亦稱駝鹿，滿洲語謂之堪達罕，一作堪達漢，產於寧古塔、烏蘇里江等處之沮洳地。其頭類鹿，腳類牛，尾類驢，頸背類駱駝。而觀其全體，皆不完全相似，故俗稱四不像。角扁而闊，瑩潔如玉，中有黑理，鏤為決，勝象骨。大者重至千餘斤。其蹄能驅風疾，凡轉筋等症，佩於患處，為效甚速，世人貴之。」〔註5〕此處認為麈乃駝鹿，民間稱為「四不像」，其蹄能治風疾，療效極好，為世所重。這與六朝之麈的功用差異頗大。有學者認為，麈乃麋鹿而非駝鹿，因為麋鹿尾大，駝鹿尾小。此說很有道理。

圖1　亨利‧蘭西爾《研究死麈圖》

麈為中國所產。先秦文獻中已有記載，如《逸周書‧世俘解》載周武王的一次狩獵，獵獲「麈十有六」，〔註6〕《山海經》《中山經》中數次提到「多閭麈」，《大荒南經》和《大荒北經》中皆提及有食麈之大蛇。漢魏六朝文獻

〔註3〕 丁福保編：《說文解字詁林》，北京：中華書局，1988年版，第9703頁。
〔註4〕 同上，第9704頁。
〔註5〕 〔清〕徐珂編撰：《清稗類鈔》（第十二冊），北京：中華書局，1984年版，第5563頁。
〔註6〕 黃懷信等：《逸周書匯校集注》，上海：上海古籍出版社，1995年版，第460頁。

中亦多有所記。司馬相如《上林賦》記有「沈牛麈麋」〔註7〕，左思《蜀都賦》有云「屠麖麋，翦旄麈。」〔註8〕在時人小說中，亦有記載獵麈的事情，東晉干寶《搜神記》記載：「馮乘虞蕩，夜獵，見一大麈，射之。麈便云：『虞蕩，汝射殺我耶？』明晨，得一麈而入，即時蕩死。」〔註9〕南朝宋劉澄之《鄱陽記》曰：「李嬰弟綃，二人善於用弩。嘗得大麈，解其四腳，懸著樹間，以髀爲炙，烈於火上。方喻宀食，山下一人長三丈許，鼓步而來，手持大囊。既至，取麈頭骼皮並火上，新肉悉內囊中，遙還山。嬰兄弟後亦無恙。」〔註10〕其事爲怪力亂神，然獵麈之事當爲六朝實情。另據《宋書‧五行志》記載，在晉哀帝隆和元年十月甲申，有一頭麈進入了東海王的府第。〔註11〕《太平御覽》卷四十六錄《晉書》郭文事蹟，「郭文，字文舉，隱於餘杭大辟山。山中曾有猛獸殺一麈於庵側，文舉因以語人，人取賣之。」〔註12〕可見當時麈的數量之多與分佈之廣。

以上史料中，所獵之麈多作食用。李善注《蜀都賦》「翦旄麈」曰：「旄麈有尾，故翦之。」〔註13〕所剪尾巴作何使用，左思沒有明言，或是製作麈尾，亦或食用。唐代陳子昂寫有《麈尾賦》，他在序文中提到了寫作賦文的時間與場景，甲子歲（684 年），太子司直宗秦客於洛陽金亭大會賓客，酒酣之際，共賦座中食物，陳子昂受命作《麈尾賦》。陳子昂在賦文中提到：「此仙都之靈獸，固何負而罹殃？始居幽山之藪，食乎豐草之鄉，不害物以利己，不營道以同方。何忘情以委代？而任性之不忘，卒罹綱以見逼，愛庖丁而惟傷。豈不以斯尾之有用，而殺身於此堂，爲君雕俎之羞，廁君金盤之實。」〔註14〕陳子昂對於麈之被食，頗有同情之意。他提到的「斯尾之有用」，其用途，似乎並非作成清談器物，而是烹製成食，成爲盤中之餐。

二、麈尾的源流與形制

陸機在《羽扇賦》中說：「昔楚襄王會於章臺之上，山西與河右諸侯在焉。

〔註 7〕費振剛等主編：《全漢賦校注》，廣州：廣東教育出版社，2005 年版，第 89 頁。
〔註 8〕〔清〕嚴可均輯：《全晉文》（中），北京：商務印書館，1999 年版，第 779 頁。
〔註 9〕〔晉〕干寶撰，汪紹楹校注：《搜神記》，北京：中華書局，1979 年版，第 242 頁。
〔註10〕〔宋〕李昉等撰：《太平御覽》，中華書局 1960 年影印版，第 4020 頁。
〔註11〕〔梁〕沈約撰：《宋書》，北京：北京：中華書局，1974 年版，第 922 頁。
〔註12〕〔宋〕李昉等撰：《太平御覽》，第 223 頁。
〔註13〕〔梁〕蕭統編、唐李善注：《文選》，北京：中華書局，1986 年版，第 187 頁。
〔註14〕〔清〕董誥等編：《全唐文》（第三冊），北京：中華書局，1983 年版，第 2112 頁。

大夫宋玉、唐勒侍，皆操白鶴之羽以爲扇。諸侯掩麈尾而笑，襄王不悅。」〔註15〕先秦文獻中，未見有使用麈尾的記載，文中說楚襄王時諸侯持麈尾，當爲假託。東漢初年，四川廣漢雒縣人李尤（約 44～126 年）擅作文章，尤以銘文見長，寫有銘文 120 首，其中就有一篇《麈尾銘》：「撝成德柄，言爲訓辭。鑒彼逸傲，念茲在慈。」〔註16〕李尤原集已佚，這篇銘文見於唐初虞世南所輯《北堂書鈔》，明代張溥的《漢魏六朝百三家集》與嚴可均的《全後漢文》都有收錄。如果銘文確爲李尤所寫，那麼在東漢初年即使用麈尾了。不過，李尤擅作銘文，後人將此篇《麈尾銘》的作者安放到他的名下，亦未可知。所以，僅憑此篇銘文，不能斷定東漢初年即已使用麈尾。

之後一二百年，我們在文字資料中看不到有關麈尾的記載。究其原因，或是因爲麈尾乃一卑微小物，在漢末三國的擾攘亂世，士人更多著眼於天下紛爭，無意關注此等細物。六朝士人所寫銘文中，常提到麈尾的卑賤屬性，如王導說「誰謂質卑？御於君子」，〔註17〕徐陵提到「誰云質賤，左右宜之」。〔註18〕更重要的是，作爲一種卑微之物，它在此前沒有進入士人階層的視野。清談始於曹魏正始年間，在何晏、王弼等人的清談中，未見有麈尾的描述。到了西晉，麈尾出現於清談活動之中，王衍、樂廣這兩位清談宗主已經手持麈尾談玄論道了。清談宗主王衍，常執玉柄麈尾。

王衍位高望隆，他手持麈尾的行爲，在士人中必然起到了極強的示範作用，從此群起效尤，一手一柄，蔚成風氣。這種由名人引領，而成爲時尚的現象，在六朝很是常見。比如《晉書·謝安傳》記載，「鄉人有罷中宿縣者，還詣安。安問其歸資，答曰：『有蒲葵扇五萬。』安乃取其中者捉之，京師士庶競市，價增數倍。」〔註19〕所以，將麈尾流行於士人階層的年代斷爲王衍（256～311 年）在世的西晉，也就是公元 300 年左右，是較爲妥當的。孫機先生曾指出：「麈尾約起於漢末。魏正始以降，名士執麈清談，漸成風氣。」〔註20〕其實基於文獻所記，麈尾之起，難以確知，麈尾之興，不在正始，而

〔註15〕〔清〕嚴可均輯：《全晉文》（中），第 1028 頁。
〔註16〕〔清〕嚴可均輯：《全後漢文》（上），北京：商務印書館，1999 年版，第 516 頁。
〔註17〕〔清〕嚴可均輯：《全晉文》（上），第 176 頁。
〔註18〕〔清〕嚴可均輯：《全陳文》，北京：商務印書館，1999 年版，第 380 頁。
〔註19〕〔唐〕房玄齡等撰：《晉書》，北京：中華書局，1974 年版，第 2076 頁。
〔註20〕孫機：《諸葛亮拿的是「羽扇」嗎？》，《文物天地》1987 年第 4 期，第 11 頁。
　　　順便指出，孫機先生以《藝文類聚》引《語林》與《太平御覽》引《蜀書》

在西晉。明代楊慎對此有確切認識，他論道：「晉以後士大夫尚清談，喜晏佚，始作塵尾。」〔註21〕

根據這種判斷，我們再來看考古圖像資料所反映的信息。在漢魏六朝的墓葬壁畫中，多見塵尾的形象。1991 年發掘的洛陽市朱村東漢壁畫墓中首次出現塵尾。（圖 2）在該墓室中發現壁畫 3 幅，其一為墓主夫婦宴飲圖，上有墓主夫婦 2 人，男女僕各 2 人，考古報告提到：「男墓主左側，榻床下並立二男僕，一男僕右手執一塵尾，左手執筍抱於胸前，頭戴黑帽，濃眉朱唇，身穿長袍，皂緣領袖。」作者依據墓室形制和隨葬器物，將此墓年代斷為東漢晚期或曹魏時期。不過指出了兩點疑問，「墓主宴飲圖中一男侍持塵尾則多見於晉，二女侍頭梳雙髻髮型也只見於南朝壁畫中。」〔註 22〕如若依據塵尾流行的時期來推斷，則此墓的年代還應靠後亦未可知。

圖 2　洛陽朱村東漢壁畫墓主宴飲圖

皆作「毛扇」，推斷諸葛亮所拿為塵尾而非羽扇，此說值得商榷。細究原文，《太平御覽》與《藝文類聚》所引《語林》稍有出入，《太平御覽》「兵部・麾兵」與「服用部・扇」所引《語林》皆作「白毛扇」，《藝文類聚》所引《語林》作「毛扇」，無「白」字。蓋「毛扇」為泛指而非特指，文獻中所記有鶴羽、雉尾、鵲翅、白鷺羽等等，此處指白羽扇的可能性很大。手持羽扇指揮戰爭，並非孤例，西晉顧榮亦有此事，《晉書》卷一百《陳敏傳》載：「敏率萬餘人將與卓戰，未獲濟，榮以白羽扇麾之，敏眾潰散。」

〔註21〕王利器：《顏氏家訓集解》卷三《勉學第八》注引《楊升庵集》六七，北京：中華書局 1993 年版，第 151 頁。
〔註22〕洛陽市第二文物工作隊：《洛陽市朱村東漢壁畫墓發掘簡報》，《文物》1992年第 12 期，第 15～22 頁。

　　1997 年發掘的北京石景山魏晉壁畫墓中，發現了執塵憑几墓主人圖，「男性墓主人端坐榻上，穿著合衽袍式上衣，寬袖，束腰帶。頭戴護耳平頂冠，蓄鬚，紅唇。右手執一飾有獸面的塵尾。」〔註 23〕主人執塵憑几，端然正坐的形象，成為此一時期墓葬壁畫的「標準像」，在遼東、雲南、甘肅、高句麗等地等地多有發現。如遼陽王家村晉墓、朝陽袁檯子壁畫墓、雲南昭通後海子壁畫墓（386～394 年間）、西域吐魯番的阿斯塔那 13 號墓（東晉）、高句麗安嶽 3 號墓（冬壽墓）（357 年）（圖 3）等等，墓主人皆手持塵尾，以彰顯其對中原文化的世族生活方式及其身份的認同。〔註 24〕

圖 3　冬壽墓執塵圖

　　佛教造像中的塵尾或始於雲岡石窟魏獻文帝時代（466～470 年），所造第五洞洞內後室中央大塔二層四面中央之維摩，即手持塵尾。他如龍門濱陽洞，

〔註 23〕　石景山區文物管理所：《北京石景山八角村魏晉墓》，《文物》2001 年第 4 期，第 37～61 頁。

〔註 24〕　可參考（日）門田誠一著，姚義田譯：《高句麗壁畫古墳中所描繪的手執塵尾的墓主像——魏南北朝時期的士大夫畫像》，《遼寧省博物館館刊（2013）》（遼海出版社 2014 年版），第 22～31 頁。黃明蘭：《再論魏晉清談玄風中產生的名流雅器「塵尾」——從洛陽曹魏墓室壁畫〈塵尾圖〉說起》，載《中國漢畫學會第九屆年會論文集》（中國社會出版社 2004 年版），第 242～243 頁。

天龍山第三洞東壁，北魏正始元年（504 年），北齊天保八年（550 年）諸石
刻中的維摩，皆持塵尾。〔註25〕（圖 4）敦煌壁畫中的塵尾圖像始見於北周，
唐以降增多，大多數集中在「維摩詰經變」中，塵尾形態樣式與中原多數相
同，也存在些微差別。〔註 26〕可見，塵尾是漢末六朝時期常見的日用器物，
它在漢末出現於墓葬壁畫之中，在具有程序性的宴飲圖壁畫上，墓主身邊常
有塵和隱几。〔註 27〕

圖 4　敦煌壁畫維摩詰圖

〔註25〕傅芸子：《正倉院考古記》，上海：上海書畫出版社，2014 年版，第 126 頁。

〔註26〕楊森：《敦煌壁畫中的塵尾圖像研究》，《敦煌研究》2007 年第 6 期，第 37～
46 頁。

〔註27〕參見董淑燕：《執塵憑几的墓主人圖》，《東方博物》2011 年第 3 期，第 49～
59 頁。

　　在傳世繪畫中，唐代閻立本的《歷代帝王圖卷》所繪吳主孫權，手中持有塵尾。（圖 5）在正始及竹林名士們的清談史料中，未見對塵尾的描述，晚唐畫家孫位的《高逸圖》中，畫中的阮籍手持塵尾，此畫被視爲傳自顧愷之的《七賢圖》。

圖 5　閻立本《歷代帝王圖・孫權》

　　塵尾實物已不多見。日本奈良正倉院收藏有唐代流傳下來的塵尾，《世說新語》《言語》五二條余嘉錫注云：

> 今人某氏（忘其名氏）《日本正倉院考古記》曰：「塵尾有四柄，此即魏、晉人清談所揮之塵。其形如羽扇，柄之左右傳以塵尾之毫，絕不似今之馬尾拂塵。此種塵尾，恆於魏、齊維摩說法造像中見之。〔註28〕

〔註28〕 余嘉錫：《世說新語箋疏》，北京：中華書局，2011 年版，第 99 頁。

　　余嘉錫所指「今人某氏」即傅芸子先生，其《正倉院考古記》寫於 1941 年。傅芸子在文中提及日本收藏之塵尾柄料有四種：柿柄、漆柄、金銅柄與玳瑁柄。〔註 29〕而今人王勇在經過實地考察與觀摩之後，認定正倉院所藏塵尾只有兩柄——漆柄和柿柄，另外的金銅柄與玳瑁柄器物實爲拂塵而非塵尾。據其描述，漆柄塵尾，「毫毛盡失，僅存木質黑漆骨子。挾板長 34、寬 6.1 釐米，沿輪廓線嵌有數條牙線，中心線上有四顆花形釘子，用以固定兩塊挾板。柄長 22.5 釐米，貼牙紋。鐔爲牙質，雕唐草花紋。挾板與柄相交處，爲獅齧形吞口。殘形全長 58 釐米。」〔註 30〕這兩柄塵尾皆裝飾華麗，工藝精巧，於此可以領略六朝塵尾之風貌。（圖 6）此外，徐陵在《塵尾銘》中提到塵尾的形制：「爰有妙物，窮茲巧製。員上天形，半下地勢。靡靡絲垂，綿綿縷細。」〔註 31〕塵尾之形天圓地方，塵的尾毛綿密低垂，這種形制，在考古圖像中亦能見出。

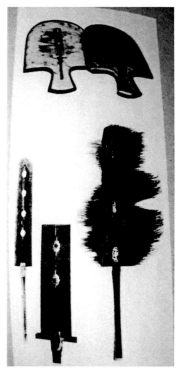

圖 6　正倉院收藏的塵尾

〔註29〕傅芸子：《正倉院考古記》，第 126 頁。
〔註30〕王勇：《日本正倉院塵尾考》，《東南文化》1992 年第 Z1 期，第 205～209 頁。
〔註31〕〔清〕嚴可均輯：《全陳文》，第 380 頁。

三、塵尾的功能及審美

六朝時期，塵尾廣泛出現於士人之手，僧人講經常持塵尾，道人亦多有手揮塵尾者。這樣一種被廣泛使用的器物，呈現出多種文化功能和意義，分述如下：

（一）拂穢清暑

塵尾，能夠撫穢解暑，兼具拂塵與扇子的功能。如王導《塵尾銘》云：「道無常貴，所適惟理。誰謂質卑？御於君子。拂穢清暑，虛心以俟。」〔註32〕徐陵《塵尾銘》中提到「拂靜塵暑，引飾妙詞。」當然，塵尾雖有此一功能，但六朝士人手握此物，出於實用的目的不強，更多是作爲一種風流雅器，與後世文人手握摺扇的功能十分類似。

（二）清談助器

塵尾出現於西晉清談活動中。西晉清談領袖王衍與樂廣皆有持塵的記載。樂廣曾以塵尾指點客人：

> 客問樂令「旨不至」者，樂亦不復剖析文句，直以塵尾柄確幾曰：「至不？」客曰：「至！」樂因又舉塵尾曰：「若至者，那得去？」於是客乃悟服。樂辭約而旨達，皆此類。〔註33〕

東晉時期，殷浩與孫盛進行過一次激烈的清談，其驚心動魄程度，通過塵尾這一道具表露無遺：

> 孫安國往殷中軍許共論，往反精苦，客主無閒。左右進食，冷而復暖者數四。彼我奮擲塵尾，悉脫落，滿餐飯中。賓主遂至莫忘食。殷乃語孫曰：「卿莫作強口馬，我當穿卿鼻。」孫曰：「卿不見決鼻牛，人當穿卿頰。」〔註34〕

孫盛與殷浩進行對談，互爲客主，雙方義理相當，都不退讓，論辯激烈，廢寢忘食，竟至奮擲塵尾，使得尾毛盡落於飯中。在二人相對的清談中，要用到塵尾。

再據《南史·張譏傳》記載，陳後主有次來到鍾山開善寺，讓群臣坐於寺院西南的松樹林下，命令擅長玄學的張譏闡述義理。「時索塵尾未至，後主

〔註32〕〔清〕嚴可均輯：《全晉文》卷十九，第 176 頁。
〔註33〕余嘉錫：《世說新語箋疏》，北京：中華書局，1983 年版，第 205 頁。
〔註34〕同上，第 219～220 頁。

敕取松枝，手以屬幾，曰：『可代塵尾。』」〔註35〕《南史‧袁憲傳》又載：「會弘正將升講坐，弟子畢集，乃延憲入室，授以塵尾，令憲豎義。」〔註36〕這兩例中的清談，都是一人主講，眾人聆聽，主講者必須手持塵尾。第一例中，因爲手頭沒有塵尾，陳後主便令以松枝替代。

　　在以上數例中，無論二人對談，還是一人主講，皆需手執塵尾。在具體清談中，到底如何使用塵尾？這在《世說新語》等文獻中未見記載。不過，我們可以根據六朝與唐代僧人的講經活動看出端倪。

　　六朝僧人講經，多用塵尾。梁代僧人釋智林在給汝南周顒的書信中提到：「貧道捉塵尾以來，四十餘年，東西講說，謬重一時。」〔註37〕《續高僧傳》記載一則傳說，梁代高僧釋慧韶圓寂，「當終夕，有安浦寺尼，久病悶絕，及後醒云：送韶法師及五百僧，登七寶梯，到天宮殿講堂中，其地如水精。床席華整，亦有塵尾几案，蓮華滿地，韶就座談說，少時便起。」北魏天竺三藏法師菩提留支受詔於顯陽殿，「高升法座，披匣揮塵，口自翻譯，義語無滯。」〔註38〕唐代符載在《奉送良郢上人遊羅浮山序》中提到良郢法師，「始童子剃落，轉持塵尾，講《仁王經》，白黑讚歎，生希有想。」〔註39〕由諸例來看，塵尾是講堂必備之物。再如佛教石窟造像中，凡維摩詰造像，不管變相如何，其右手必執塵尾。

　　日本僧人圓融所著《入唐求法巡禮行記》中，記載了唐代僧人講經的儀式，其中用到了塵尾，「梵唄訖，講師唱經題目，便開題，分別三門。釋題目訖，維那師出來，於高座前，設申會興之由，及施主別名、所施物色。申訖，便以其狀轉與講師，講師把塵尾，一一申舉施主名，獨自誓願。誓願訖，論義者論端舉問。舉問之間，講師舉塵尾，聞問者語，舉問了，便傾塵尾，即還舉之，謝問便答。」〔註40〕在論義階段，都講發問時，主講右手舉塵尾，

〔註35〕〔唐〕李延壽撰：《南史》卷七一《張譏傳》，北京：中華書局，1975 年版，第 1751 頁。

〔註36〕〔唐〕李延壽撰：《南史》卷二六《袁憲傳》，第 718 頁。

〔註37〕〔梁〕釋慧皎撰，湯用彤校注：《高僧傳》卷八《義解五‧釋智林傳》，北京：中華書局，1992 年版，第 310 頁。

〔註38〕〔北魏〕釋曇寧：《深密解脫經序》，《全後魏文》卷六十，北京：商務印書館，1999 年版，第 599 頁。

〔註39〕〔清〕董浩等編：《全唐文》卷六百九十，第 7076 頁。

〔註40〕〔日〕釋圓融撰，白化文等校注：《入唐求法巡禮行記校注》，石家莊：花山文藝出版社，2007 年版，第 187～188 頁。

都講發問完畢，主講將麈尾放下，然後又立即舉起麈尾，對發問致謝並回答問題。講經時，不斷將麈尾舉起、放下、再舉起，往返問答。〔註41〕

《高僧傳》卷五《竺法汰傳》載，「時沙門道恆，頗有才力，常執心無義，大行荊土。汰曰：『此是邪說，應須破之。』乃大集名僧，令弟子曇一難之。據經引理，析駁紛紜。恆仗其口辯，不肯受屈，日色既暮，明旦更集。慧遠就席，設難數番，關責鋒起。恆自覺義途差異，神色微動，麈尾扣案，未即有答。遠曰：『不疾而速，杼軸何爲。』座者皆笑矣。心無之義，於此而息。」〔註42〕《續高僧傳》卷五《釋僧旻傳》亦載：「文宣嘗請柔次二法師於普弘寺共講《成實》，大致通勝，冠蓋成陰。旻於末席論議，詞旨清新，致言宏邈，往復神應，聽者傾屬。次公乃放麈尾而歎曰：『老夫受業於彭城，精思此之五聚，有十五番以爲難窟，每恨不逢勍敵，必欲研盡。自至金陵累年，始見竭於今日矣。且試思之，晚講當答。』」〔註43〕於此兩例可知，在講經論辯過程中，麈尾不能長時間放下。道恆「麈尾扣案，未即有答」，就等於論辯失敗。發言時必舉起麈尾，亦爲僧侶講說之程序，尚未拿起麈尾，則表示還在思考，不能作答。

由於清談發言時必須手舉麈尾，麈尾因而能爲清談水平的象徵。在王導招集的一次著名的清談活動中，名士雲集，殷浩、王蒙等清談大家俱在，王導「自起解帳帶麈尾」，以主人的身份挑起與殷浩的清談。本條余嘉錫注《御覽》七百三引《世說》曰：「王丞相常懸一麈尾，著帳中。及殷中軍來，乃取之曰：『今以遺汝。』」殷浩是王導之後最著名的清談家，王導以麈尾予之，是因爲佩服他的清談，讓他擔任清談主角。

下面此則史料更具說服力：

> 後主在東宮，集官僚置宴，時造玉柄麈尾新成，後主親執之，
> 曰：「當今雖復多士如林，至於堪捉此者，獨張譏耳。」即手授譏。
> 〔註44〕

〔註41〕 參考張雪松：《唐前中國佛教史論稿》，北京：中國財富出版社，2013年版，第276頁。

〔註42〕 〔梁〕釋慧皎撰，湯用彤校注：《高僧傳》，北京：中華書局，1992年版，第192～193頁。

〔註43〕 〔唐〕道宣撰，郭紹林點校：《續高僧傳》，北京：中華書局，2014年版，第154～155頁。

〔註44〕 〔唐〕姚思廉撰：《陳書》卷三三《儒林列傳・張譏》，北京：中華書局，1972年版，第444頁。

陳後主認為唯有張譏堪捉塵尾，便是認定其清談能力。塵尾在此的意義突現無遺。《南齊書》卷三三《王僧虔傳》所載其誡子書是在論述魏晉清談時經常被徵引的一則史料：「僧虔宋世嘗有書誡子曰：『……汝開《老子》卷頭五盡尺許，未知輔嗣何所道，平叔何所說，馬、鄭何所異，《指》《例》何所明，而便盛於塵尾，自呼談士，此最險事。……』」〔註45〕王僧虔告誡子孫不能清談實難，不對前代清談義理有精深把握，就手持塵尾，自呼談士，實則是貽笑於人之舉，因為塵尾所標識的是一個人的清談能力。

唐代陸龜蒙作有一篇《塵尾賦》，描述了謝安、桓溫、王珣、郗超、支遁等人的一次清談活動，以支遁為主角，其中提到：「支上人者，浮圖其形。左擁竹杖，右提山銘。於焉就席，引若潛聽。俄而齮缺風行，逍遙義立。不足稱異，才能企及。公等盡矚當仁，咸云俯拾。道林乃攝艾衲而精爽，捉犀柄以揮揖。天機發而萬目張，大壑流而百川入。」將支遁的清談實力和神采風情摹劃得精彩動人。文末提到：「雖然絕代清談客，置此聊同王謝家。」〔註46〕表明了清談人的身份地位與價值追求。

（三）風流雅器

有意思的是，塵尾不僅用於清談，六朝士人在日常生活中亦常常持有，使得塵尾被賦予了新的文化意義，變成了一種風流雅器。

推究起來，蓋因塵尾乃輕便之物，清談活動無固定時間，興之所致，便可清談，所以，像王衍之流的清談宗主，便隨身攜帶，以備清談。日常持有，隨意揮灑，頗能增加其人風度，因此人們便相仿傚，成為一時之尚。王衍常持玉柄塵尾，以白玉為柄，精美華貴，有很強的審美屬性。《世說新語》《容止》中說王衍的手的顏色與玉柄沒有分別，可見深受時人賞慕。他人亦向其學習，「晉王公貴人多執塵尾，以玉為柄。」〔註47〕

東晉開國丞相，王衍族弟王導亦愛好塵尾，何充前來造訪，王導用塵尾指著座位，招呼何充共坐：「來，來，此是君坐。」〔註48〕賞譽五九他常懸於家中帳內，出門也隨帶身邊。有次因懼怕妒妻曹氏傷害他私養的姬妾兒女，

〔註45〕〔梁〕蕭子顯撰：《南齊書》卷三三《王僧虔傳》，北京：中華書局，1972年版，第 598 頁。

〔註46〕〔清〕董誥等編：《全唐文》（第 9 冊），第 8399 頁。

〔註47〕〔宋〕司馬光編著、（元）胡三省音注：《資治通鑑》，北京：中華書局，1956年版，第 2810 頁。

〔註48〕余嘉錫：《世說新語箋疏》，北京：中華書局，1983 年版，第 456 頁。

命僕人駕起牛車追趕，情急之下，他以塵尾柄幫助御者打牛，樣子狼狽不堪，此事遭到了司徒蔡充十分尖刻地嘲弄。王導以塵尾趕牛的行徑，實在有損自身形象，同時也破壞了塵尾作爲一種名流雅器的功能，因此受到譏諷。梁宣帝有《詠塵尾》詩云：「匣上生光影，豪際起風流，本持談妙理，寧是用椎牛。」〔註49〕即是諷詠此事。

東晉名士王濛彌留之際，翻轉塵尾視之，淒然歎曰：「如此人，曾不得四十！」及其死後，至交好友劉惔將犀柄塵尾置於其棺柩中，以作陪葬之物。〔註50〕其人雖逝，卻有風流器物相伴，卻也構成了詩意的人生。僧人亦常攜帶塵尾，「庾法暢造庾公，捉塵尾甚佳，公曰：『塵尾過麗，何以得在。』答曰：『廉者不取，貪者不與，故得在耳。』」〔註51〕回答得十分有趣。還有一則非常有意思的史料，北齊時期，潁川人荀仲舉受到長樂王尉粲的禮遇，二人共飲過量，荀仲舉咬了尉粲的手指，傷到了骨頭。此事被皇帝高洋得知，仲舉受杖刑一百。事後有人問仲舉緣故，仲舉回答：「我那知許，當是正疑是塵尾耳。」〔註52〕把尉粲的手指當成了塵尾。

在六朝志怪小說中，亦能見到神人持塵尾的場景，如劉義慶《幽明錄》的「甄沖」條，描述了這樣一個場景：「社公下，隱漆幾，坐白旃坐褥，玉唾壺，以玳瑁爲手巾籠，捉白塵尾。」〔註53〕顯然，文中所提及的漆隱几、白旃坐褥、玉唾壺、手巾籠、白塵尾等器物，都很名貴，皆爲六朝貴族人家的日常用品。

由於塵尾被視爲一種風流雅器，所以有時會作爲禮物贈送他人。南齊吳郡張融，年在弱冠，同郡道士陸修靜送他一把白鷺羽塵尾扇，說道：「此既異物，以奉異人。」〔註54〕

〔註49〕 逯欽立輯校：《先秦漢魏晉南北朝詩》，北京：中華書局，1988 年版，第 2105 頁。

〔註50〕 頗有意思的是，《高僧傳》卷八《義解五·釋道慧傳》亦記有類似故事，「慧以齊建元三年卒，春秋三十有一。臨終呼取塵尾授友人智順。順慟曰：『如此之人，年不至四十，惜矣。』因以塵尾內棺中而殯焉。」

〔註51〕 余嘉錫：《世說新語箋疏》，北京：中華書局，1983 年版，第 111 頁。

〔註52〕 〔唐〕李百藥撰：《北齊書》卷四五《荀仲舉傳》，北京：中華書局，1975 年版，第 627 頁。

〔註53〕 〔南朝〕劉義慶撰，鄭晚晴輯注：《幽明錄》，北京：文化藝術出版社，1988 年版，第 7 頁。

〔註54〕 〔梁〕蕭子顯撰：《南齊書》卷四一《張融傳》，第 721 頁。

另外，由於清談名士出身世家大族，玉柄塵尾之於他們，也和五石散等物品一樣，成了高貴的表徵，《南史・陳顯達傳》所記，出身卑微而位居重位的陳顯達謙退清儉，其諸子喜華車麗服，陳顯達告誡說：「凡奢侈者鮮有不敗，塵尾蠅拂是王、謝家物，汝不須捉此自逐。」〔註55〕取來燒了。陳顯達之所以燒塵尾，是因為塵尾是「王、謝家物」，它為富貴人家所用，是一種奢侈品，自古成由勤儉敗由奢，陳顯達深諳個中道理，所以不讓孩子玩用。爾時清談名流已逝，清談氛圍已無，不過，其飄逸瀟灑的形象卻流傳了下來，更重要地，作為器物的塵尾仍在，它被賦予的意義仍在，乍得富貴的少年們渴慕前輩風流，於是，佔有塵尾，也就彷彿佔有了那份意義。

（四）隱逸象徵

南朝時期清談的氣氛漸息，但作為清談雅器的塵尾卻流傳下來，不僅那些渴慕清談風流的士人們手揮塵尾，即連遠離世俗的隱逸之士也以塵尾自高，這就為塵尾賦予了一種新的意義：

> 齊高帝輔政，徵為揚州主簿。及踐阼乃至，稱「山谷臣顧歡上表」，進《政綱》一卷。時員外郎劉思效表陳讜言，優詔並稱美之。歡東歸，上賜塵尾、素琴。〔註56〕

> （吳苞）冠黃葛巾，竹塵尾，蔬食二十餘年。〔註57〕

> 孝秀性通率，不好浮華，常冠穀皮巾，躡蒲履，手執並闔皮塵尾，服寒食散，盛冬臥於石上。〔註58〕

顧歡、吳苞與張孝秀三人都是南朝時期著名的隱士，在隱居之時，他們不忘攜帶塵尾，不過他們手中的塵尾不再是昂貴的玉柄，而是竹柄、闔皮之類採自鄉野的植物，這就為此類塵尾賦予了樸素自然而遠離俗世的文化意義。而究其根源，晉代清談士人們手中的塵尾已然具有了此類意義，清談本來就具有玄遠之意，它遠離世俗，不同的是，玉與竹的區別，可說，一高貴，一自然。而其希慕清談風流之心昭然可見，特別是張孝秀，手持塵尾，服寒食散，不正是六朝人的遊戲嗎？

〔註55〕　〔唐〕李延壽撰：《南史》卷四十五《陳顯達傳》，第1134頁。
〔註56〕　〔唐〕李延壽撰：《南史》卷七十五《隱逸上・顧歡傳》，第1875頁。
〔註57〕　〔唐〕李延壽撰：《南史》卷七十五《隱逸下・吳苞傳》，第1888頁。
〔註58〕　〔唐〕李延壽撰：《南史》卷七十六《隱逸下・張孝秀傳》，第1906頁。

餘　論

概而言之，學界從文獻學、考古學、圖像學對塵尾進行了較爲充分的研究，不過，限於史料與視野，有些問題還未能觸及和展開。比如，從跨文化交流的角度來說，清談名士之用塵尾，與佛教徒之講經有何關係？從現有史料來看，東晉南朝之後的佛教徒用塵尾，是受了清談的影響。那麼，在此之前呢？印度佛教中是否有使用類似器物的現象？佛教於東漢傳入之後，僧人是否執拂（或塵）講經，並且影響到了清談名士？

再者，周邊國家在與中國的跨文化交流中，是否也接受了塵尾？比如東臨日本，正倉院藏有唐代塵尾的遺物。日本戰國時代（1467～1615 年），將軍常常手持「軍配」，指揮作戰，日常燕居，亦執團扇或摺扇，至今相撲運動中，裁判仍手執軍配團扇。（圖 7）此風是否亦受塵尾影響？

圖 7　相撲行司手持軍配

這些問題，還需進一步從圖像學、文獻學以及人類學等多學科的角度進行深入考論。

（作者單位：中國藝術研究院藝術人類學研究所）

唐宋之間硯臺的著述、形制與產地

黃義軍

摘要：文章通過對比的方式系統地討論了唐宋之際對硯臺的記錄及其形制的差異、產地的變化等著述內容，從一個側面討論了唐宋之間物質文化的變遷問題。

關鍵詞：唐宋之間；硯臺著錄；文化變遷

筆墨紙硯，被稱爲文房四寶。本文選擇其中的硯臺爲研究對象，通過對比唐人和宋人著述中對硯臺的記錄、硯臺形制的差異、產地的變化，從一個側面瞭解唐宋之間物質文化的變遷。

一、目錄書所見宋代硯臺著述

檢索《舊唐書經籍志》和《新唐書藝文志》，沒有發現一本專記硯臺的書籍。到宋代則出現了一批記錄或研究硯臺的專書。以下條述宋代目錄書和《欽定四庫全書總目提要》所載宋代硯臺著述。

（一）宋代目錄書之著錄

存世的宋代目錄書，《崇文總目》已無完書，以《郡齋讀書志》和《遂初堂目錄》爲最古。

1. 晁公武（公元 1105～1180 年）《郡齋讀書志》

僅收入蘇易簡《文房四譜》、《文房圖贊》、《硯譜》。三本書分屬於不同的

卷數與類別，有簡單的提要。

（1）《文房四譜》五卷

卷三下「小說類」：「右皇朝蘇易簡撰，集古今筆硯紙墨本原，及其故實，繼以賦頌述作有徐鉉序。」

（2）《文房圖贊》一卷

卷五上《附志》之《雜藝術類》：「右和靖後人林可山撰。自筆硯而下皆為之官稱，圖其像於前，而列其贊於後。序謂唐韓愈舉穎為中書，他竟無所聞，今圖贊一十八人，擬以官酬之。竢異日請於朝，罔俾昌黎穎美有唐。」

（3）《硯譜》二卷

《後志》卷二《子類》：「右皇朝唐詢撰。記硯之故事及其優劣，以紅絲石為第一，端石次之。」

2. 尤袤（公元 1127～1202 年）《遂初堂書目》

本書分經為九門，分史為十八門，分子為十二門，分集為五門。四庫館臣稱「其《子部》別立《譜錄》一門，以收香譜、石譜、蟹錄之無類可附者，為例最善。」在《譜錄》一門中記錄了《文房四寶譜》、《續文房四寶譜》、《硯錄》、《端硯譜》和《歙硯譜》三書，只錄書名，無題錄。

3. 陳振孫（公元 1183～？年）《直齋書錄解題》

為仿照《郡齋讀書志》而作，「其例以歷代典籍分為五十三類，各詳其卷帙多少，撰人名氏，而品題其得失，故曰「解題」。雖不標經史子集之目，而覈其所列，經之類凡十，史之類凡十六，子之類凡二十，集之類凡七，實仍不外乎四部之說也。馬端臨《經籍考》惟據此書及《讀書志》成編。」（《欽定四庫全書總目提要》）

《直齋書錄解題》收錄有關硯臺的著述共 7 種，四庫本安排在卷十四《雜藝類》。四庫館臣案曰：「《文獻通考》馬端臨曰：『晁、陳二家《書錄》以醫、相、牛、馬、茶經、酒譜之屬俱入雜藝術門，蓋仍諸史之舊。』原本自論畫以下至博戲、酒令，皆附音樂之末，與馬氏所言互異，蓋係誤編。今以評畫及文房之類次於書法，而香譜以下俱附算學之後，庶有次第。」也就是說，據《文獻通考》晁、陳二家的《書目》原本是將這幾本書編入雜藝門的，但四庫館臣所見的版本卻與此不相符，於是根據次第作了調整，將評畫與文房之類置於書法之下。

（1）《文房四譜》五卷：「參政梓潼蘇易簡太簡撰。」

（2）《歙硯圖譜》一卷：「太子中舍知婺源縣唐積撰，治平丙午歲。」四庫館臣案：「《歙硯圖譜》以下三種俱係洪适撰，其弟邁有跋可證此。以《歙硯圖譜》爲唐積撰，而下二種俱不知名氏。《文獻通考》、《宋史藝文志》及《說郛》遂因之。然适本有譜無圖，或圖係唐積所補邪。」

（3）《歙硯說》一卷又辨歙石說一卷：「皆不著名氏。」

（4）《硯史》一卷：「米芾撰。」

（5）《閒堂雜記》四卷：「不著名氏，述文房四譜而首載唐氏《硯錄》。」

（6）《硯箋》一卷：「高似孫撰。」

（7）《續文房四譜》五卷：「司農卿李洪秀穎撰。」

（二）四庫全書之著錄

有關硯臺的著書，在《欽定四庫全書總目》中被歸入「譜錄類」。這是由宋人尤袤新創的一個圖書類別。據該類小序稱：「劉向《七略》門目孔多，後並爲四部，大綱定矣。中間子目遞有增減，亦不甚相遠。然古人學問各守專門，其著述具有源流，易於配隸。六朝以後，作者漸出新裁，體例多由創造，古來舊目遂不能該，附贅懸疣，往往牽強。《隋志‧譜系》本陳族姓，而末載《竹譜》、《錢譜》、《錢圖》，《唐志‧農家》本言種植，而雜列《錢譜》、《相鶴經》、《相馬經》、《鷙擊錄》、《相貝經》，《文獻通考》亦以《香譜》入『農家』。是皆明知其不安，而限於無類可歸，又復窮而不變，故支離顛舛遂至於斯。惟尤袤《遂初堂書目》，創立『譜錄』一門，於是別類殊名，咸歸統攝。亦變而能通矣。今用其例，以收諸雜書之無可繫屬者。門目既繁，檢尋頗病於瑣碎，故諸物以類相從，不更以時代次焉。」

《欽定四庫全書總目》卷 115《子部‧譜錄》之《雲林石譜三卷》案：「宋以後書多出於古來門目之外，如此譜所品諸石，既非器用，又非珍寶，且自然而成，亦並非技藝，豈但四庫之中無可繫屬，即『譜錄』一門亦無類可從。以亦器物之材，附之器物之末焉。」

以此知：

其一，六朝以後，出現了一類研究物質文化的著述，如《竹譜》、《錢譜》、《錢圖》，與漢代以來的圖書編目不能兼容。

其二，宋代以來，此類圖書越來越多。直到宋人尤袤《遂初堂書目》創立譜錄一門，此類著述得以歸併。

其三，爲便於檢索，四庫館臣採用了「物以類相從」的原則，將這些著述不按時代，而是按材料類別進行排列。

檢索《欽定四庫全書總目》的譜錄類圖書及其存目，得到宋代專門記錄硯臺的著述有 10 種，即《文房四譜》五卷（浙江吳玉墀家藏本）、《歙州硯譜》一卷（浙江鮑士恭家藏本）、《硯史》一卷（浙江鮑士恭家藏本）、《硯譜》一卷（浙江吳玉墀家藏本）、《歙硯說》一卷、《辨歙石說》一卷（浙江鮑士恭家藏本）、《端溪硯譜》一卷（浙江鮑士恭家藏本）和《硯箋》四卷（浙江巡撫採進本）。

二、文獻所見唐宋硯臺的形制之比較

（一）唐硯主要形制

1. 三足硯

其起源至遲到漢代。南京博物館藏漢代銅硯爲帶蓋三足硯。南北朝時期出現青瓷三足硯，唐代沿用，至宋消失。《文房四譜》：「繁欽硯頌曰：『鈞三趾於夏鼎，象辰宿之相扶。』今絕不見三足硯。僕常遊盱眙泉水寺，過一山房，見一老僧擁衲向陽，模寫梵字，前有一硯，三足如鼎，製作甚古僕。前舉而訝之，僧白眼默然不答，僕因不復問其由。是知繁欽頌足可徵矣。」

2. 辟雍硯

兩晉出現，流行於隋唐時期，宋人仿製。如米芾《硯史》云：「晉硯，見於晉顧愷之畫者，有於天生疊石上刊人面者，有十蹄圓銅硯中如鏊者。」十蹄圓銅硯中如鏊者，與考古發現的辟雍硯形制相符。又，《楊次公辟雍硯詩》：「媧皇鍛鍊補天石，天完餘石人間擲，擲向淮山山下溪，千古萬古無人識。去年臘月溪水枯，奪得江頭數峰碧，野夫採得琢爲硯，形壅水流流若璧。」

3. 風字硯。見後詳述。

（二）宋硯的主要形制

宋硯的形制幾乎囊括在端硯與歙硯兩個名品中。

1. 端硯

《端溪硯譜》所記載的硯臺形制如下：

> 硯之形制曰平底風字、曰有腳風字、曰垂裙風字、曰古樣風字、
> 曰鳳池、曰四直、曰古樣四直、曰雙錦四直、曰合歡四直、曰箕樣、

曰斧樣、曰瓜樣、曰卵樣、曰壁樣、曰人面、曰蓮、曰荷葉、曰仙桃、曰瓢樣、曰鼎樣、曰玉臺、曰天研（東坡嘗得石不加斧鑿以爲研後人尋嵌石自然平整者傚之）、曰蟾樣、曰龜樣、曰曲水、曰鍾樣、曰圭樣、曰笏樣、曰梭樣、曰琴樣、曰鏊樣、曰雙魚樣、曰團樣、曰八棱角柄秉硯、曰八棱秉硯、曰竹節秉硯、曰硯磚、曰硯板、曰房相樣、曰琵琶樣、曰月樣、曰腰皷、曰馬蹄、曰月池、曰阮樣、曰歙樣、曰呂樣、曰琴足風字、曰蓬萊樣。

將這些式樣作一分類，大體可分爲5類：

（1）風字硯，有5種（平底風字、有腳風字、垂裙風字、古樣風字、鳳池、琴足風字）；

（2）四直（古樣四址、雙錦四直、合歡四直），有 4 種。這種四直的式樣，或許是米芾《硯史》中所稱的端樣：「今歙人最多作形制，而士人尤重端樣，以平直斗樣爲貴，得美石無瑕，必先作此樣，滯墨，甚可惜也。」

（3）仿自然天體，如日月樣；

（4）仿動物，如卵樣、人面、龜樣、雙魚樣、馬蹄樣；

（5）仿植物，如瓜樣、蓮、荷葉、仙桃；

（6）仿人工製品，如鼎樣、箕樣、斧樣、壁樣、鍾樣、圭樣、笏樣、琴樣、琵琶樣、腰鼓樣、阮樣、鏊樣；

（7）仿建築，如玉臺、曲水樣、月池樣；

（8）仿其他名研究或流行式樣，如天研、房相樣、呂樣、蓬萊樣和歙樣。

另外還有單純的造型，如團樣、硯磚、硯板。

《硯箋》之「硯圖」將端硯中式樣古雅者列舉如下：

鳳池、玉堂、玉臺、蓬萊、辟雍、院樣、房相樣、郎官樣、天硯、風字、人面、圭、璧、斧、鼎、鏊、笏、瓢、曲水、八棱、四直、蓮葉、蟾、馬蹄。

2. 歙硯

《歙州硯譜·名狀第六》記錄歙硯的形制如下：

端樣、舍人樣、都官樣、玉堂樣、月樣、方月樣、龍眼樣、圭樣、方龍眼樣、瓜樣、方葫蘆樣、八角辟雍樣、方辟雍樣、馬蹄樣、新月樣、鏊樣、眉心樣、石心樣、瓢樣、天池樣、科斗樣、銀鋌樣、蓮葉樣、人面樣、球頭樣、寶餅樣、笏頭樣、風字樣、古錢樣、外方里圓筒硯樣、蟾蜍樣、辟雍樣、方玉堂樣、尹氏樣、蝦蟆樣、犀

牛樣、鸚鵡樣、琴樣、龜樣。

其造型可分爲：

（1）仿當時名硯或流行款式，如端樣、舍人樣、都官樣、尹式樣；

（2）仿自然天體，如月樣、方月樣、新月樣；

（3）仿動植物，仿人物或動物的有人面樣、蟾蜍樣、科斗樣、蝦蟆樣、犀牛樣、鸚鵡樣、龜樣、馬蹄樣，仿植物的有龍眼樣、方龍眼樣、瓜樣、方葫蘆樣、瓢樣、蓮葉樣；

（4）仿人造物品，如琴樣、鏊樣、球頭樣、古錢樣、寶瓶樣、銀鋌樣、笏頭樣；

（5）仿建築，如辟雍樣、八角辟雍樣、方辟雍樣、玉堂樣、方玉堂；

（6）仿漢字，風字樣。另有個別造型不易理解，如「石心樣」、「眉心樣」。

以上硯樣曾被製圖附於《歙州硯譜》，原圖是唐積所認爲的「樣制古雅者」，另有多種「狀樣都俗」的硯臺並沒有畫出圖來，說明當時歙州硯的形制是十分豐富的。米芾在《硯史》亦說：「今歙人最多作形制，而土人尤重端樣，以平直斗樣爲貴，得美石無瑕，必先作此樣，滯墨，甚可惜也。」

3. 關於風字硯

《端溪硯譜》將風字硯列在首位，端硯中的風字硯形制有 5 種之多。歙硯也出風字硯。宋人對風字硯的重視與官方重視有關。米芾《硯史》稱：「唐之制，見《文房四譜》；今之制，見《歙州硯圖》，故不重出。」但他在文中，重點辨析了風字硯從晉到宋的形制變化。以《硯史》爲中心，文獻所見風字硯形制變化如下：

（1）六朝時期的風字硯

右軍硯：「今人有收得右軍硯，其制與晉圖畫同，頭狹四寸許，下闊六寸許，頂兩純皆綽慢，下不勒成痕，外如內之制，足狹長，色紫，類溫岩，中凹成臼。」（《硯史》）

智永硯：「又有收得智永硯，頭微圓，又類箕象，中亦成臼矣。」（《硯史》）

（2）唐代的風字硯

唐畫硯：「又參政蘇文簡家，收唐畫《唐太宗長孫后納諫圖》，宮人於瑪瑙盤中托一圓頭鳳池硯，似晉制，頭純直微凸，如書鳳字，左右純斜刊，下不勒痕折，向頂亦然，不滯墨，其外隨內勢簡易。其後至隋唐，工稍巧，頭圓，身微瘦，下闊而足或圓爲柱，已不逮古。」（《硯史》）

（3）北宋仁宗嘉祐年以前的風字硯

《硯史》曰：「至本朝，變成穹高腰瘦，刃闊如鉞斧之狀。仁廟已前，硯多作此制，後差少。資政殿學士蒲傳正收眞宗所用硯，與仁廟賜駙馬都尉李公昭鳳池硯，形制一同，至今尙方多此制。國初已來，公卿家往往有之。仁宗已前賜史院官硯，皆端溪石，純薄，上狹下闊，峻直不出足，中坦夷，猶有鳳池之像。或有四邊刊花，中爲魚爲龜者，凡此形制多端，下岩奇品也。」（《硯史》）

（4）北宋嘉祐硯樣

《硯史》稱：「嘉祐末，硯樣已如大指粗，心甚凸，意求渾厚，而氣象蓋（益？）不古，純斗故勒深，滯墨難滌，心凸，故點筆不圓，常如三角簇，蓋古硯皆心凹，後稍正平，未有凸者。」

米芾認爲，這種內心凸起的式樣於援毫不便：「始自侍讀學士唐彥猷，作紅絲辟雍硯，心高凸，至作馬蹄樣，亦心凸，至磨墨溜向身出，觀墨色則凸高增浮泛之勢，援毫則非便也。」

（5）宣和官樣

到宣和年間，出現了鳳池樣的官樣硯臺。《端溪硯譜》：「宣和初，御府降樣造形，若風字，如鳳池樣，但平底耳，有四環，刻海水魚龍三神山水池，作崑崙狀，左日右月，星斗羅列，以供太上皇書府之用。」

三、唐宋時期名硯的產地

（一）唐宋時期的貢硯

1. 唐代貢硯

關於唐代土貢的記載，可見於《唐六典》、《通典》、《新唐書》和《元和郡縣志》。前三者分別記錄了開元二十五年（公元 737 年）、天寶年間（公元 742～756 年）、長慶年間（公元 821～824 年）的土貢，《元和郡縣志》記載的土貢分爲開元（公元 712～741 年）和元和（公元 806～820 年）兩個年代。僅記錄虢州貢硯：

《唐六典》河南道虢州貢「硯瓦、地骨、白皮、麝香」；

《通典》河南道虢州貢「磨香十顆，硯瓦十具」；

《新唐書・地理志》河南道虢州弘農郡貢「施，瓦硯，麝，地骨皮，梨」。

《元和郡縣志》河南道虢州貢「施，瓦硯，麝，地骨白皮，麝香」，未見

瓦硯。

2. 宋代貢硯

宋代的貢硯地點除虢州外〔註1〕，增加了寧州（治陝西寧縣）、端州（治廣東肇慶）和賀州（治廣西賀縣）。〔註2〕

（二）唐宋時代的名硯及其由來

1. 唐代名硯

見諸文獻的唐代名硯有瓦硯和石硯兩種材質，除作爲土貢的虢州外，從唐詩中還可以發現當時名硯。

（1）虢州硯

《硯箋》曰：「虢澄泥，唐人以爲第一。劉義叟如譜法造之絕佳。余得其二，一贈原甫，一置中書合。今士大夫不學書，罕事筆硯。硯之見於時者惟此爾。」

虢州石硯稠葉硯爲晚唐硯臺名品。李匡義《資暇集》卷下「稠葉硯」條記述了這種名硯之由來：

> 稠葉硯始因元和初愚之叔翁宰虢之耒陽邑，諸季父溫清之際必訪山水以遊。一日於澗側見一紫石，憩息於上。佳其色，且欲隨至，遂自勒姓氏年月，遂刻成文，復無刓缺。乃曰：『不刓不鑢，可琢爲硯矣。」既就琢一硯而過，但惜重大，無由出之，更行百步許，往往有焉，又行，乃多至有如拳者，不可勝紀。遂與從僮挈數拳而出，就縣第製斫。時有胥性巧，請斫之，形出甚妙。季父每與俱之澗所，胥父兄稠葉逆肆人也，因季父請，解胥藉而歸父兄之業。於是來斫砑，席於大路，厭利驟肥。土客競効，各新其意，爰臻諸器焉。季父大中壬申歲授陝，今自元和，後往還京洛，每至稠葉，鑴者闕相率輒有所獻，以報其本，迄今不息。季父別業在河南福昌邑，下至於弟任，市其器，稱福李家，則價不我賤。

〔註1〕 《元豐九域志》卷三「虢州」：「土貢……硯二十枚」。《宋史・地理志》亦有記載：虢州「貢麝香、地骨皮、硯」。〔宋〕王存等撰：《元豐九域志》，欽定四庫全書本，第3.24b頁。

〔註2〕 《元豐九域志》卷三寧州「土貢……硯十枚；卷九端州「土貢……硯一十枚。」《宋史・地理志》亦載：寧州「貢庵閭、荊芥、硯、席」；肇慶府「（端州）貢銀、石硯」；賀州「貢石硯」。〔宋〕王存等撰：《元豐九域志》，第3.27b、11.27a頁。

（2）青州石末硯與絳州黑硯

《舊唐書》卷 165《柳公權傳》：「（公權）所寶惟筆硯圖畫，自扃鐍之。常評硯，以青州石末爲第一，言墨易冷，絳州黑硯次之。」青州石末在當時還是製作腰鼓鼓腔的重要材質。（《唐語林》卷 5：「宋開府璟雖耿介不群，亦知音樂，尤善羯鼓。嘗與明皇論羯鼓事曰：『不是青州石末，即須魯山花瓷。』」）

（3）端硯

到中晚唐，端硯已進入唐代士人的視野。在唐詩中，多有贊詠端硯的詩句。如劉禹錫（公元 772～842 年）《唐秀才贈端州紫石硯，以詩答之》：

> 端州石硯人間重，贈我因知正草玄。闕里廟堂空舊物，開方灶下豈天然。玉蜍吐水霞光靜，彩翰搖風絳錦鮮。此日傭工記名姓，因君數到墨池前。

再如李賀（約公元 790～817 年）《楊生青花紫石硯歌》：

> 端州石工巧如神，踏天磨刀割紫雲。傭刓抱水含滿脣，暗灑萇冷血痕。紗帷晝暖墨花春，輕漚漂沫松麝薰。乾膩薄重立腳勻，數寸光秋無日昏。圓毫促點聲靜新，孔硯寬頑何足云。」

《續資治通鑑長編》卷 33：「（淳化二年，公元 991 年）夏四月庚午朔，詔罷端州歲貢石硯。」端州始貢石硯的時間不詳，但北宋初年詔罷貢硯後，到元豐年間端硯再次列入土貢名錄。

（4）宣州石硯

李白詩：「麻箋素絹排數箱，宣州石硯墨色光。」說明宣州石硯在盛唐時期已爲士人所知曉。

2. 宋代名硯

從數量上看，宋代名硯較之唐代有了很大的增長。蘇易簡《文房四譜》載硯 40 餘品，對宋硯的評價，以「青州紅絲石第一，端州斧柯山第二，龍尾石第三，餘皆在中下。雖銅雀臺古瓦研列於下品特存古物耳。」這一品評，與唐人已經不同。

米芾《硯史》在「用品」一節中記錄了 25 樣當時的名硯，計有：玉硯、唐州方城縣葛仙公岩石、溫州華嚴尼寺岩石、端州岩石、歙硯婺源石、通遠軍漞石硯、西都會聖宮硯、青州青石、成州粟亭石、潭州谷山硯、成州栗玉硯、歸州綠石硯、夔州黟石硯、廬州青石硯、蘇州褐黃石硯、建溪黯澹石、陶硯、呂硯、淄州硯、高麗硯、青州蘊玉石紅絲石青石、虢州石、信州水晶

硯與蔡州白硯。

按材質可分為：

（1）玉硯；（2）水晶硯；（3）陶硯（2樣）；（4）石硯（共21樣）

《硯箋》加以擴充，計有65樣：

玉硯、水精硯、紅絲石硯、蘊玉石硯、紫金石硯、素石硯、黃石硯、青石硯、丹石硯、白石硯、鵲金硯、褐石硯、會聖宮硯、高麗硯、仙石硯、金雀石硯、金坑石硯、鳳咮硯、洮石硯、澠石硯、唐石硯、宿石硯、絳石硯、淄石硯、登石硯、寧石硯、宣石硯、明石硯、瀘石硯、戎石硯、淮石硯、萬石硯、夔石硯、中正砦石硯、歸石硯、柳石硯、成石硯、吉石硯、永嘉石硯、沅石硯、灘哥石硯、黛陁石硯、潭石硯、嶽麓硯、廬山硯、太湖石硯、石鍾山石硯、銅雀硯、漢祖廟瓦硯、灌嬰廟瓦硯、東魏興和瓦硯、楚王廟磚硯、古陶硯、青州石末硯、濰硯、磁硯、虢硯、澄泥硯、缸硯、銀硯、鐵硯、銅硯、蚌硯、漆硯、金龜硯。

按材質可分為：

（1）玉硯；（2）水精硯；（3）石硯（47樣）；（4）陶磁硯（10樣，包括澄泥硯、瓦硯、磚硯、缸硯；（4）銀硯；（5）銅鐵硯；（6）蚌硯；（7）漆硯；（8）金龜硯（待考）。其中，石硯與陶磁硯的產地較之米芾《硯史》擴大，銀硯、銅鐵硯、蚌硯、漆硯、金龜硯4類硯則不見於米芾《硯史》。

從產地上看，宋代不僅保留了唐代的名硯產地，還新增了不少產硯地，硯臺的產地範圍較之唐代大為擴展，名硯分佈於包括一些邊疆州郡在內的數十個州府。以下以歙硯和青州紅絲石硯為例，說明宋代名硯的來源。

（1）歙硯的由來

唐積《歙州硯譜・採發第一》：「婺源硯在唐開元中，獵人葉氏逐獸至長城裏，見迭石如城，壘狀瑩潔可愛，因攜以歸，刊粗成硯，溫潤大過端溪。後數世葉氏諸孫持以與令，令愛之，訪得匠手斵為硯，由是山下始傳。至南唐，元宗精意翰墨，歙守又獻硯並斵硯工李少微，國主嘉之，擢為硯官，今石工周全師之，爾後匠者增益頗多。今全最高年，能道昔時事，並召少微孫，明訪偽詰不獲，傳多如此。今山下葉氏繁息幾數百戶，乃獵者之孫。」

這一段話講述了婺源硯被人偶然發現後，通過供奉官府和朝廷的方式，獲得認可，成為名硯的經過。唐時屬歙州（治今安徽歙縣）。婺源硯始造於唐開元年間。既然獵戶都會識石，說明當時人已普遍具備製硯的知識。後來葉

姓獵人的子孫將婺源硯獻給縣令，獲得賞識，這種硯開始傳到山下。到南唐時，歙州刺史將婺源硯獻給南唐元宗，大受賞識，遂將硯工李少微提升為硯官。一直到北宋少微弟子周全還是知名的師工。

（2）青州紅絲石的由來

青州石末硯被唐代士人柳公權列為第一。青州紅絲石的發現則與北宋士人唐積有關。《事實類苑》卷63：「唐彥猷清簡寡欲不以世務為意，公退一室，蕭然終日，默坐惟吟詩、臨書、烹茶、試墨以度日。比嘉祐中，守青社，得紅絲石於黑山，琢以為硯。其理紅黃相間，文如林木，或如月暈，或如山峰，或如雲霞花卉。石自膏潤浮泛墨色。覆之以匣，至數日不乾。彥猷作《硯錄》，品為第一，以謂自得此石，端溪龍尾皆置不復視矣。」在唐積所著《硯錄》中，將青州紅絲石硯品為第一，置於端硯與歙硯之上。

四、結語

以上從著述、形制、產地三方面比較了唐宋之間硯臺生產的差異。中國人用硯的歷史十分悠久，但對硯臺的專門記述卻是從宋代開始的，宋代既有《文房四譜》這樣以類書形式記載硯臺的書籍，也有專門記錄某一類名硯的專書，如《端溪硯譜》與《歙州硯譜》，更有對用硯歷史作全面考察的米芾《硯史》，以及彙編各類記硯著作的《硯箋》。這些著作成為自宋代出現的一類新的著述——譜錄類的重要內容之一。唐硯的形制多沿用六朝，而以端硯和歙硯為代表的宋硯則創造出各種複雜而生動的式樣，這些形制為後世所重，並成為清代宮廷硯臺的模倣對象（見《西清硯譜》）。如果說唐代的名硯只是鳳毛麟角，宋代的名硯則是百花齊放，隨著硯石知識的積累，士人紛紛將任官所在或遊歷之處的優良石材製作成硯臺，從而使名硯遍地開花。宋代名硯不僅分佈於經濟發達的都市，而且遍佈於貧瘠之地，甚至是戰火紛飛的邊陲。從硯臺這一小小的物品，我們也能一葉知秋，窺見唐宋之間巨大的社會轉型。

（作者單位：中央民族大學歷史學院）